LA

MÉTHODE HISTORIQUE

APPLIQUÉE

AUX SCIENCES SOCIALES

FÉLIX ALCAN, ÉDITEUR

BIBLIOTHÈQUE GÉNÉRALE DES SCIENCES SOCIALES

SECRÉTAIRE DE LA RÉDACTION

DICK MAY, Secrétaire général de l'École des Hautes Études sociales.

VOLUMES PUBLIÉS :

L'individualisation de la peine, par R. SALEILLES, professeur à la Faculté de droit de l'Université de Paris.

L'idéalisme social, par EUGÈNE FOURNIÈRE, député.

Ouvriers du temps passé (XVe et XVIe siècles), par H. HAUSER, professeur à l'Université de Clermont-Ferrand.

Les transformations du pouvoir, par G. TARDE, de l'Institut, professeur au Collège de France.

Morale sociale. Leçons professées au Collège libre des sciences sociales par MM. G. BELOT, MARCEL BERNÈS, BRUNSCHVICG, F. BUISSON, DARLU, DAURIAC, DELBET, CH. GIDE, M. KOVALEVSKY, MALAPERT, le R. P. MAUMUS, DE ROBERTY, G. SOREL, le PASTEUR WAGNER. Préface de M. EMILE BOUTROUX, de l'Institut.

Les enquêtes, *pratique et théorie*, par P. DU MAROUSSEM.

Questions de morale, leçons professées à l'École de morale, par MM. BELOT, BERNÈS, F. BUISSON, A. CROISET, DARLU, DELBOS, FOURNIÈRE, MALAPERT, MOCH, D. PARODI, G. SOREL.

Le développement du catholicisme social, depuis l'encyclique *Rerum Novarum*, par MAX TURMANN.

Le socialisme sans doctrines (La question agraire et la question ouvrière en Australie et Nouvelle-Zélande), par Albert MÉTIN, agrégé de l'Université.

La méthode historique appliquée aux sciences sociales, par CHARLES SEIGNOBOS, maître de conférences à l'Université de Paris.

Assistance sociale : *pauvres et mendiants*, par PAUL STRAUSS, sénateur.

L'Enseignement moral dans l'université (Enseignement secondaire), conférences et discussions sous la présidence de M. A. CROISET, doyen de la Faculté des lettres de l'Université de Paris (*École des Hautes Études sociales*, 1900-1901).

Chaque volume in-8° carré de 300 pages environ, cartonné à l'anglaise, 6 fr.

SOUS PRESSE :

L'Hygiène sociale, par E. DUCLAUX, de l'Institut, directeur de l'Institut Pasteur.

Le contrat de salaire, le rôle des syndicats professionnels, par PAUL BUREAU, professeur à la Faculté libre de droit de Paris.

AUTRES OUVRAGES DE M. CH. SEIGNOBOS :

Le régime féodal en Bourgogne jusqu'en 1360. Paris, Thorin, 1882.

Histoire politique de l'Europe contemporaine. *Évolution des partis et des formes politiques* (1814-1896). Paris, A. Colin, 1897.

Introduction aux Études historiques. (En collaboration avec Ch. V. Langlois.) Paris, Hachette, 1898.

LA
MÉTHODE HISTORIQUE

APPLIQUÉE

AUX SCIENCES SOCIALES

PAR

CH. SEIGNOBOS

Maître de conférences
à la Faculté des lettres de l'Université de Paris.

PARIS
FÉLIX ALCAN, ÉDITEUR
ANCIENNE LIBRAIRIE GERMER BAILLIÈRE ET Cie
108, BOULEVARD SAINT-GERMAIN, 108

1901

AVERTISSEMENT

Ce livre est sorti d'un cours professé pendant trois années au Collège libre des sciences sociales. Bien qu'entièrement remanié il porte encore la trace de son origine; les divisions et subdivisions y sont très apparentes et annoncées expressément, la langue est plus familière et moins sévère qu'il n'est d'usage dans les livres écrits directement pour des lecteurs. Je n'ai pas cru devoir faire disparaître ces caractères, qui m'ont paru convenir à un recueil de conseils et d'indications de méthode. J'ai à m'excuser aussi d'avoir discuté des opinions sans citer le texte exact des auteurs; un résumé m'a semblé suffisant pour le but pratique que je me proposais. Il m'a paru inutile également de donner une bibliographie des travaux sur les sciences sociales; on en trouvera une, bien choisie et bien classée, dans le *Catalogue bibliographique*, publié en novembre 1899, par la Société nouvelle de librairie et d'édition.

La première partie du présent ouvrage porte sur le même sujet que l'*Introduction aux Études historiques* (1897), composée en collaboration avec mon collègue et ami Ch.-V. Langlois et qui est un traité sommaire de méthode historique; mais elle n'en est pas la reproduction. Non seulement j'ai résumé les parties purement théoriques, abrégé celles qui n'intéressaient que les historiens, introduit des exemples tirés des sciences sociales; je crois aussi avoir rectifié et complété la théorie fondamentale.

La deuxième partie : *La méthode historique et l'histoire sociale* est presque entièrement nouvelle ; elle traite une matière peu étudiée jusqu'ici, parce qu'elle occupe un terrain intermédiaire entre l'histoire et les sciences sociales; elle s'adresse donc à la fois à deux publics différents, mais je pense qu'elle doit intéresser plutôt les spécialistes des sciences sociales que les historiens.

Ch. S.

LA

MÉTHODE HISTORIQUE

APPLIQUÉE

AUX SCIENCES SOCIALES

INTRODUCTION

MÉTHODE HISTORIQUE ET SCIENCES SOCIALES

I. *Méthode historique.* — Nature de l'histoire. — Caractère indirect de la méthode historique. — Opérations historiques.

II. *Sciences sociales.* — Sens primitif de ce mot. — Sens actuel. — Caractère des sciences sociales.

III. *Nécessité de la méthode historique dans les sciences sociales* : 1° Pour l'étude des phénomènes actuels; — 2° Pour l'étude de l'évolution des phénomènes.

I. — La *méthode historique* est la méthode employée pour constituer l'histoire; elle sert à déterminer scientifiquement les faits historiques, puis à les grouper en un système scientifique.

Il semble donc au premier abord, tant qu'on reste dans la logique formelle, qu'il existe une science spéciale, l'*histoire*, que cette science étudie une certaine catégorie de faits, les faits historiques, et qu'elle les étudie par une méthode appropriée à la nature de ces faits; — de même qu'il y a une science de la chimie qui étudie les faits chimiques par une méthode chimique, une science de la biologie qui étudie les faits biologiques — ou (pour prendre comme exemple une science descriptive) une science de la zoologie qui décrit le monde animal. L'histoire serait une science d'observation. Il semble même qu'on puisse délimiter la catégorie de faits étudiés par l'histoire; ce sont toujours des faits *passés*, et des faits *humains*. Les faits passés relatifs aux animaux ou aux plantes ne sont plus rangés dans la catégorie de l'histoire; le mot *histoire naturelle* représente une conception entièrement abandonnée. L'histoire, au sens moderne, se réduit à l'étude des hommes vivant en société; elle est la science des faits humains du passé.

Mais, dès qu'on cherche à délimiter pratiquement le terrain de l'histoire, dès qu'on essaie de tracer les limites entre une science historique des faits humains du passé et une science actuelle des faits humains du présent, on s'aperçoit que cette limite ne peut pas être établie, parce qu'en réalité il n'y a pas de faits qui soient historiques par leur nature, comme il y a des faits physiologiques ou biologiques. Dans l'usage vulgaire le mot « historique » est pris encore dans le sens antique : digne d'être raconté; on dit en ce sens une « journée historique », un « mot historique ». Mais cette notion de l'histoire est abandonnée ; tout incident passé fait partie de l'histoire, aussi bien le costume porté par un paysan du XVIIIe siècle que la prise de la Bastille; et les motifs qui font paraître un fait digne de mention sont infiniment variables. L'histoire embrasse l'étude de *tous* les faits passés, politiques, intellectuels, économiques, dont la plupart ont passé inaperçus. Il semblerait donc que les faits historiques puissent être définis : les « faits passés », par opposition aux faits actuels qui sont l'objet des sciences descriptives de l'humanité. C'est précisément cette opposition qu'il est impossible de maintenir en pratique. Être présent ou passé n'est pas une différence de caractère interne, tenant à la nature d'un fait; ce n'est qu'une différence de position par rapport à un observateur donné. La Révolution de 1830 est un fait passé pour nous, présent pour les gens qui l'ont faite. Et de même la séance d'hier à la Chambre est déjà un fait passé.

Il n'y a donc pas de faits historiques par leur nature; il n'y a de faits historiques que par *position*. Est historique tout fait qu'on ne peut plus observer directement parce qu'il a cessé d'exister. Il n'y a pas de caractère historique inhérent aux faits, il n'y a d'historique que la façon de les connaître. L'histoire n'est pas une science, elle n'est qu'un procédé de connaissance.

Alors se pose la question préalable à toute étude historique. Comment peut-on connaitre un fait réel qui n'existe plus? Voici la Révolution de 1830 : des Parisiens, tous morts aujourd'hui, ont pris sur des soldats, morts aussi, un bâtiment qui n'existe plus. Pour prendre en exemple un fait économique : des ouvriers morts aujourd'hui dirigés par un ministre mort aussi ont fondé l'établissement des Gobelins. Comment atteindre un fait dont aucun élément ne peut plus être observé ? Comment connaître des actes dont on ne peut plus *voir* ni les acteurs ni le théâtre? — Voici la solution de cette difficulté. Si les actes qu'il s'agit de connaître n'avaient laissé aucune trace, aucune connaissance n'en serait possible. Mais souvent les faits disparus ont laissé des traces, quelquefois directement sous forme d'objets matériels, le plus souvent indirectement sous la forme d'écrits rédigés par des gens qui ont eux-mêmes vu ces faits. Ces traces, ce sont les *documents*, et la méthode historique consiste à examiner les documents pour arriver à déterminer les faits anciens dont ces documents sont les traces. Elle prend pour point de départ le document observé directement ; de là elle remonte, par une série de raisonnements compliqués, jusqu'au fait ancien qu'il s'agit de connaître. Elle diffère donc radicalement de toutes les méthodes des autres sciences. Au lieu d'*observer* directement des faits, elle opère indirectement en *raisonnant* sur des documents. Toute connaissance historique étant indirecte, l'histoire est essentiellement une science de raisonnement. Sa méthode est une méthode *indirecte*, par raisonnement.

C'est une méthode évidemment inférieure, une méthode d'expédient; on l'évite tant qu'on peut employer la méthode normale, l'observation directe. On n'en fait aucun usage dans toutes les sciences générales, physique, chimie, biologie, celles qui cherchent les lois générales, c'est-à-dire permanentes, des phénomènes ; il suffit ici d'expérimenter et d'observer. Mais quand on a besoin de connaître une évolution, il faut pouvoir comparer avec les faits présents qu'on observe des faits passés qu'on ne peut plus observer ; on est forcé alors de recourir à la méthode indirecte, qui seule permet d'atteindre les faits passés. — Quand on a besoin de connaître un ensemble concret très étendu, il faut réunir des observations sur un grand nombre de faits. Par exemple, s'il s'agit de chercher l'ensemble des salaires dans un pays, chaque observateur n'en peut observer qu'un très petit nombre ; il faut bien qu'il ajoute à sa connaissance personnelle directe celle des autres observateurs; le voilà ainsi obligé de combiner ses observations propres avec des *documents* rédigés par les autres observateurs : et pour étudier ces documents il est ramené à la méthode indirecte qui est la méthode historique.

Ainsi la méthode d'étude indirecte par les documents, la méthode historique, est la seule qu'on puisse employer dans deux ca s : quand on veut atteindre soit des évolutions, soit des ensembles concrets.

Comme toute autre méthode scientifique, elle comporte deux séries d'opérations : 1° étudier le document pour déterminer quels ont été les faits particuliers passés dont le document est la trace ; 2° après avoir établi ces faits, les grouper en une construction méthodique pour découvrir les rapports entre eux.

II. — Et maintenant, qu'est-ce que les sciences sociales ?

D'après le sens propre du mot *social*, ce devraient être toutes les sciences qui étudient les faits sociaux, c'est-à-dire ceux qui se produisent en société : les habitudes humaines de tout genre (langues, mœurs, alimentation, costume, habitation, cérémonial, divertissements), les phénomènes intellectuels (art, science, religion, philosophie, morale), les institutions politiques ou économiques.

C'est avec ce sens général qu'Auguste Comte a

fabriqué le mot *sociologie*, pour désigner la science de tous les phénomènes de société. C'est encore le sens que lui donnait Herbert Spencer dans les *Principes de sociologie*. Mais, à force de se disputer sur les limites de la sociologie, les sociologues, tirant chacun de son côté, ont arraché au mot la plus grande partie de sa signification primitive et ne lui ont laissé qu'un sens vague. Simmel[1] a essayé de le préciser de nouveau en réduisant la sociologie à l'étude abstraite des phénomènes communs à toutes les espèces de société.

Le mot *sociologie* avait été inventé par des philosophes, il correspondait à une tentative pour grouper des branches de science restées isolées sous une conception philosophique d'ensemble. Il paraît avoir eu le même sort que cette conception : après une période de vogue, il semble menacé de sortir de la langue.

Le mot *sciences sociales* est entré dans l'usage pour indiquer à peu près le même ensemble d'études.

Il y a été introduit par des spécialistes, sans conception d'ensemble, pour répondre à un besoin pratique ; et c'est aussi pour des raisons pratiques accidentelles que le sens s'en est précisé et limité ; aussi ne peut-on comprendre le sens actuel de ce mot qu'en suivant son histoire.

(1) *Die Probleme der Geschichtsphilosophie*, 1892.

Au XVIIIe siècle le terme *social* a encore son sens général, le *Contrat Social* de Rousseau est essentiellement un contrat politique.

Dans la première partie du XIXe siècle, le sens s'est restreint; « social » s'est opposé à « politique » ; il a désigné les institutions et les usages qui ne sont pas directement organisés par le gouvernement : famille, propriété, division en classes ; on a opposé « l'état social » à « l'état politique » ; c'est en ce sens que l'emploient les manuels d'histoire des institutions. Dans l'histoire de Sparte par exemple, la description des classes, Hilotes, Périèques, Spartiates, forme l'état « social » ; le gouvernement et l'armée rentrent dans l'état « politique ». En ce sens l'histoire sociale serait l'étude des classes, de leurs privilèges, de leur recrutement, de leurs relations, et l'histoire des associations privées telles que la famille.

Dans la seconde moitié du siècle le mot a tendu à prendre un autre sens. Il s'est peu à peu transporté aux nouvelles branches d'études de la société humaine qui commençaient à se former. Plusieurs branches s'étaient déjà constituées avant qu'on eût la conception distincte de société et de phénomènes sociaux. Elles étaient nées les unes de l'histoire [1], — étude encore confuse de tous les faits du passé,

(1) Voir plus loin dans la 2e partie, p. 159.

science des actes et des institutions politiques, mélangée à l'érudition et à l'archéologie, — les autres de certaines études pratiques devenues peu à peu historiques, la théologie devenue histoire des religions, la jurisprudence devenue histoire du droit, la rhétorique et la philosophie devenues histoires des littératures et des doctrines, l'art devenu histoire de l'art. Chacune, ayant eu dès l'origine ses professeurs et ses spécialistes, s'était organisée en une science indépendante sous un nom spécial.

Les études sur la société qui se sont organisées les dernières, au XIXe siècle, ont pris le nom de *sociales*, devenu vacant. Ainsi s'explique que ce mot ait été réduit à un sens si restreint. Si, de l'ensemble des sciences qui étudient les phénomènes sociaux au sens large, on retire toutes les branches d'études constituées antérieurement en sciences spéciales, le résidu comprend les « sciences sociales » au sens actuel.

Ce sont trois groupes d'études d'origines très éloignées qui ont convergé, de façon à former les « sciences sociales ».

Un de ces groupes s'est constitué par la création d'une statistique fondée sur une méthode scientifique. Les premiers essais remontent à la fin du XVIIe siècle, aux travaux de Petty et aux tables de mortalité.

Mais il a fallu attendre qu'on disposât de chiffres assez complets et portant sur des phénomènes assez variés pour donner l'idée d'étudier méthodiquement ces séries de chiffres et d'en tirer des conclusions générales. Ce travail n'a pu commencer que tard, quand les autres branches étaient déjà constituées sous forme d'histoires spéciales ; et il a commencé hors des Universités où ces sciences s'étaient constituées. Quand on a pour la première fois pris conscience du rôle de la statistique, on a cherché un mot pour lui donner sa place dans l'ensemble de la science. Quételet, a publié son traité *Sur la possibilité de mesurer l'influence des causes qui modifient les éléments sociaux*, 1832, et son *Essai de physique sociale*, 1835. Ainsi la statistique est entrée dans le groupe des sciences sociales. Quand elle s'est subdivisée, la branche principale a formé la *démographie*, où le mot δῆμος est pris au même sens restreint que le mot « social ».

Un autre groupe, — et le plus considérable, — a été formé par l'étude des phénomènes et des institutions économiques (production, échanges, répartition), — mal délimité du côté de la production (on a hésité sur la place de l'histoire de la technique), — mal délimité aussi du côté de la consommation (alimentation, vêtement, habitation, dépenses). Cette étude s'était appelée longtemps « économie politique », *Volkswirthschaft;* mais le sens de ce mot a tendu à se restreindre aux considérations théoriques qui avaient été la première forme de l'étude économique. De plus en plus c'est la description des phénomènes réels qui tend à devenir la science sociale, établie au moyen d'une méthode d'observation.

Cette déviation de sens a coïncidé avec l'apparition des écoles socialistes et semble s'être produite sous leur influence. L'idée fondamentale, surtout des disciples de Marx, c'est que l'organisation économique est le fondement de toute la société; réformer la société c'est réformer le régime économique. Tous les autres faits sociaux passent au second plan, non seulement les faits intellectuels ou religieux, mais même les faits politiques. Ils ont beau demander avant tout une réforme politique, le suffrage universel, montrant ainsi que l'organisation économique est dominée par le régime politique; dans leur langue, le fait « social » par excellence, c'est le fait économique. Et c'est le sens qu'ils ont fini par imposer aujourd'hui; « sciences sociales » est devenu synonyme de sciences économiques.

Le 3e groupe est d'une tout autre nature. Les hommes qui étudient les phénomènes économiques ont été amenés à étudier aussi les théories et les doctrines économiques, doctrines spéculatives et doctrines pratiques, par conséquent les réformes et les révolutions économiques. Ainsi de l'histoire générale des doctrines, confondue jusque-là dans l'histoire de la philosophie et des sciences, s'est détaché un fragment, l'histoire des doctrines et des projets économiques, qui est venu former le troisième groupe des sciences sociales.

Aujourd'hui les sciences sociales comprennent donc :

1° Les sciences statistiques, y compris la démographie ;

2° Les sciences de la vie économique ;

3° L'histoire des doctrines et des tentatives économiques.

C'est à peu près ainsi que les éditeurs du *Handwörterbuch der Staatswissenschaften* délimitaient en 1890 le champ de leur répertoire, en expliquant qu'ils faisaient de *Staats* le synonyme de *Sozial*, d'après le sens nouveau que le mot *Staat* a pris depuis le Staatssozialism. — Un des traités les plus récents en anglais, Mayo-Smith, réunit sous un nom analogue (*Statistics and sociology*, 1895) deux sortes d'études, la démographie et l'économie politique. — Ce sens complexe est aussi celui qu'a adopté en Allemagne dès 1873 le *Verein für Sozialpolitik*, suivi par Stammhammer, *Bibliographie der Sozial politik*, 1896. — C'est le sens donné en France au mot *social* dans le *Musée social* du comte de Chambrun, le Collège libre des sciences *sociales* et l'École des hautes études *sociales*.

Les sciences sociales, dans le sens que la pratique récente leur a donné, se limitent donc à une partie restreinte des phénomènes.

Elles sont un amalgame disparate, formé : 1° de l'étude des actes et des institutions économiques, 2° de la statistique des actes et des produits humains et 3° de l'histoire des doctrines. Elles n'ont qu'un seul caractère commun, c'est d'étudier des phénomènes qui se rapportent aux intérêts matériels des hommes.

Ces phénomènes sont de deux espèces, qui correspondent aux deux sciences entrées dans l'amalgame : 1° les phénomènes proprement corporels, nombre, sexe, âge, santé, maladie, naissance, mort, qui sont l'objet de la démographie ; 2° les phénomènes économiques, qui consistent dans les rapports entre les hommes et les objets matériels pour la production, la distribution, la consommation; c'est le domaine de la science économique au sens large. La limite ne peut pas toujours être tracée exactement. Il y a des faits économiques purement intellectuels, comme les opérations de Bourse, qui restent dans les sciences sociales parce qu'ils sont liés étroitement aux phénomènes matériels de l'échange. Mais le caractère général des faits étudiés par les sciences sociales c'est d'être des faits matériels qu'on cherche à atteindre par l'observation matérielle[1].

III. — On voit maintenant pourquoi la méthode historique ainsi définie est indispensable aux sciences sociales ainsi définies.

1° Toute science sociale, soit démographie, soit science économique, doit se constituer par l'observation directe des phénomènes. Mais, en pratique, l'observation des phénomènes est toujours limitée à un champ très étroit. Pour arriver à une connaissance étendue, il faut toujours recourir au procédé indirect, au *document*. Or, le document ne peut s'étudier que par la méthode historique. Qu'il ait été rédigé au temps d'Auguste ou en 1900, la méthode pour l'étudier est la même, au moins dans les règles fondamentales. La méthode historique est donc nécessaire pour utiliser correctement même les documents contemporains.

2° Toute science sociale s'applique à des phénomènes qui ne restent pas constants ; pour les comprendre il faut en connaître l'évolution. Pour le fait même

(1) On verra plus loin, p. 175, si cette prétention est justifiée.

le plus simple de la démographie, — le chiffre de la population, — l'évolution est un élément essentiel de la connaissance scientifique. Cette nécessité de connaître l'évolution est bien plus grande encore pour la vie économique, où aucune organisation n'est intelligible que par son passé historique. Il faut donc une étude historique des phénomènes sociaux antérieurs, et cette étude n'est possible que par une méthode historique.

Ainsi, il faut appliquer d'abord la méthode historique aux sciences sociales, pour interpréter les documents, dont on a besoin dans tous les cas où la connaissance ne peut être qu'indirecte (et en pratique presque tous les faits des sciences sociales sont recueillis par la méthode indirecte). — Puis, quand les faits sont réunis, il faut pour les grouper suivre une méthode identique à celle de l'histoire, car il s'agit de former un ensemble avec des faits recueillis presque tous par des procédés historiques.

PREMIÈRE PARTIE

LA MÉTHODE HISTORIQUE APPLIQUÉE AUX DOCUMENTS DES SCIENCES SOCIALES

CHAPITRE PREMIER

THÉORIE DU DOCUMENT

I. *Caractère du document.* — Le document est une trace d'actes antérieurs. — Analyse des opérations nécessaires pour produire un document : écriture, langue, pensée, croyance, connaissance ; lien de ces opérations avec la réalité.

II. *Provenance du document.* — Nécessité de localiser le document. — Opérations pour en déterminer la provenance.

I. — Comment un document peut-il servir à atteindre la connaissance d'un fait ? Y a-t-il entre un document et un fait un rapport fixe qui permette à celui qui connaît le document d'arriver à connaître le fait ? Un document est une *trace* laissée par un fait. — Ces traces peuvent être de deux espèces, directes ou indirectes.

Les traces directes sont des objets matériels, — par exemple un bâtiment, une machine, un métier à tisser — produits de l'activité des hommes d'autrefois, et qui peuvent servir à nous faire directement connaître cette activité. On peut utiliser les traces directes, — par exemple un outil ancien, une étoffe, — quand il s'agit de connaître les procédés ou les produits d'une industrie ; c'est le cas dans l'histoire de la technique. Mais les sciences sociales n'ont aucune recherche de ce genre à faire. Et c'est même un caractère singulier de ces sciences. Elles s'appliquent toujours à des phénomènes sociaux qui ont pour objet essentiel des choses matérielles ; la démographie étudie la répartition et les accidents matériels des corps humains, l'économie politique étudie la production et la distribution des richesses matérielles. Mais de ces phénomènes matériels elles écartent la partie vraiment matérielle ; l'étude des corps est abandonnée à l'anthropologie ou à l'ethnologie, l'étude des procédés industriels reste le domaine de la technique. Les sciences sociales n'étudient dans les phénomènes matériels ni les corps ni les actes, elles cherchent seulement les rapports *abstraits* entre ces corps ou entre ces actes ; elles étudient soit les nombres des corps ou des actes, soit les institutions économiques, c'est-à-dire les rapports établis entre les hommes à propos des objets matériels. Il n'y a donc pas lieu en science sociale de se servir des traces directes du passé.

Les traces indirectes sont les écrits; on leur réserve souvent le nom de *documents*. Directement, les documents ne font connaître que la pensée de celui qui les a rédigés, ils ne sont que les traces de faits psychologiques ; mais ils peuvent fournir un moyen indirect d'atteindre des faits extérieurs. Les sciences sociales n'emploient pas d'autre espèce de document. Les documents de la démographie sont ou des éléments de calcul démographique (dénombrements et mesures), ou des résultats de calculs sous forme soit arithmétique, soit géométrique. Les documents de la science économique sont ou des statistiques ou des descriptions d'institutions (enquêtes, rapports, monographies), ou des règlements, officiels ou privés, sur la façon dont les institutions doivent fonctionner. Les documents de l'histoire des doctrines sont les œuvres des écrivains. En un mot, les sciences sociales n'utilisent que des écrits ; il suffira donc ici d'établir la théorie du document écrit.

Quel rapport un écrit peut-il avoir avec des faits sociaux ? Pour comprendre ce rapport — qui est toujours indirect et lointain, — il faut analyser les conditions dans lesquelles un document vient au monde, et reconstituer la série des opérations nécessaires pour le produire. Alors seulement on pourra savoir s'il est possible, à travers toutes ces opérations, de trouver entre le document et le fait le rapport qui seul permettra d'arriver à la connaissance du fait.

Pour faciliter cette analyse, forcément abstraite et subtile, je prends, parmi les documents sociaux, un exemple très simple, un bulletin manuscrit du recensement français. Je vais analyser les opérations par lesquelles il est venu au monde, en remontant la série des opérations à partir du fait qu'un observateur pourra atteindre directement, c'est-à-dire à partir de l'existence du papier écrit.

L'observateur prend le bulletin. Directement, tout ce qu'il observe ce sont des traits noirs tracés sur du papier blanc. Comment ces traits ont-ils été produits? Par un acte de la main de l'auteur du bulletin. Voilà le premier intermédiaire, l'écriture, et voici la première cause d'erreur ; l'auteur peut avoir mal tracé ses lettres, avoir fait des *lapsus*.

Ces traits ne sont pas arbitraires, ils sont tracés suivant un système d'écriture que l'observateur connaît, sinon il ne pourrait pas lire. A partir des traits on remonte aux signes que l'auteur a voulu mettre sur son papier. Dans nos systèmes d'écritures alphabétiques, ces signes indiquent des sons d'une langue que l'auteur a dû prononcer, au moins mentalement. Voilà le deuxième intermédiaire, les signes alphabétiques. Et voici la deuxième cause d'erreur, très sensible si l'auteur du bulletin ne sait pas l'orthographe; il peut avoir mal orthographié, par exemple il peut avoir écrit 4,20 pour dire quatre-vingts; pour restituer sa vraie pensée il faut se représenter les mots parlés.

La langue elle-même n'est qu'un signe physiologique d'une pensée psychologique. En parlant, l'auteur a eu une pensée. Voilà le troisième intermédiaire, la langue. Il faut savoir la langue de l'auteur du bulletin pour remonter à sa pensée, au sens des mots. Et voici une troisième cause d'erreur; l'auteur peut avoir mal su la langue, avoir donné à un mot un sens qu'il n'a pas habituellement en français, par exemple avoir dit « journaliste » pour « journalier ».

Mais la pensée exprimée littéralement n'exprime pas nécessairement ce que l'auteur a cru; il a dit qu'il était bouddhiste par plaisanterie, ou il s'est dit centenaire par vanité. Voilà les quatrième et cinquième intermédiaires; à travers le sens littéral il faudra remonter à la conception réelle, puis à travers la conception réelle à la croyance sincère de l'auteur. Et voici une quatrième et une cinquième cause d'erreur, le sens détourné, puis le mensonge.

On arrive ainsi à l'état psychologique profond et permanent de l'auteur. On peut dire alors : voilà ce qu'il croyait. S'il s'agissait seulement de doctrine, on n'aurait pas besoin d'aller plus loin; le travail serait terminé, car le document aurait donné la croyance de l'auteur. Et c'est là en effet que s'arrêtent les opérations en matière d'histoire des doctrines sociales.

Mais, dans tous les cas où on veut connaître un fait extérieur, on ne peut s'en tenir à une croyance. Ce qu'on cherche, c'est la réalité extérieure ; l'auteur peut s'être trompé, par exemple sur son âge ou sur le nombre de pièces de son logement. Or, son opinion n'a de valeur qu'autant qu'elle provient d'une connaissance exacte des faits réels ; et la connaissance n'est exacte que si elle provient d'une observation exacte, soit faite par l'auteur lui-même, soit répétée d'après un autre observateur. Voilà donc le sixième et dernier intermédiaire : de la croyance intérieure de l'auteur il faut passer à l'observation d'un fait extérieur. Alors enfin le document se trouve relié, par toute cette série d'intermédiaires, à un acte de l'espèce des opérations scientifiques, à une *observation*. Un document vaut exactement dans la mesure où il a pour origine une observation bien faite.

Il semble donc que la science historique se retrouve, en dernière analyse, semblable à toutes les sciences d'observation ; il semble que la méthode historique repose sur le même principe que toute méthode scientifique, puisque le document, en dernière analyse, est une observation de faits. Quand un astronome dans son observatoire, un chimiste dans son laboratoire, ont fait une observation et l'ont rédigée, leur observation semble bien un document, pareil à un bulletin de recensement. Pourtant la langue courante n'appelle pas « document » un procès-verbal d'observation scientifique. Et elle a raison de distinguer, car il y a une différence pratique entre un document et une observation. Ce n'est pas, comme on l'a dit parfois, que le document soit la constatation d'un fait disparu qu'on ne peut plus observer, tandis qu'une observation scientifique peut être répétée. Il est impossible en astronomie de recommencer l'observation du passage d'un météore et pourtant le procès-verbal de l'observation du passage d'un météore n'est pas un simple document. La différence est dans la *méthode* : le procès-verbal est rédigé suivant une méthode, rigoureuse et fixe ; le document est rédigé sans méthode, il est de même espèce que le récit d'un garçon de laboratoire.

Ainsi en remontant la série des opérations à partir du bulletin manuscrit, voici celles qui ont nécessairement dû se produire : 1° un acte de la main de l'auteur qui a écrit le bulletin ; 2° dans l'esprit de cet auteur une conception des signes d'écriture à tracer ; 3° dans ce même esprit la représentation des sons de la langue, dont l'écriture n'est qu'un signe ; 4° la représentation des phrases qu'il a écrites avec leur sens littéral; 5° la conception du sens qu'il a entendu leur donner; 6° la croyance qu'il a eue et qui peut être erronée; 7° la connaissance directe des faits qu'il a atteints par observation. Entre les deux dernières opérations il a pu s'intercaler un intermédiaire, si l'auteur a reçu sa connaissance de seconde main, s'il n'a pas observé lui-même le fait qu'il affirme, mais seulement répété l'affirmation d'un autre. En ce cas, c'est l'intermédiaire dont il reproduit l'affirmation qui a été le seul observateur, et il a dû faire lui-même toute une série d'opérations, mais de même espèce.

Dans le cas où l'on opère, non plus sur un manuscrit mais sur un imprimé, il y a une complication de plus. L'imprimé ne représente par lui-même que l'acte d'un typographe qui a eu un manuscrit à lire. Il faut donc, à travers toutes les opérations intellectuelles de ce typographe, arriver au manuscrit qu'il a observé. Il y a en ce cas deux séries d'opérations superposées. Mais la première série a peu d'intérêt pratique, parce que le typographe a été dans des conditions exceptionnellement favorables pour observer et reproduire le manuscrit, et que les épreuves ont été corrigées par l'auteur.

Pour tirer d'un document la connaissance d'un fait, il faut donc reconstituer toutes ces opérations intermédiaires, comme elles ont dû se produire dans l'esprit de l'auteur et se représenter toute la chaîne de ces actes, au moins dans le rapport que chacun d'eux a eu avec le point de départ, qui était le fait observé. C'est le seul moyen de déterminer le rapport avec le point d'arrivée, qui a été le document.

En pratique, dans cette chaîne continue qui va depuis le fait à connaître jusqu'au document, c'est le point d'arrivée de l'auteur, le document, qui est notre point de départ et c'est son point de départ, le fait, qui est notre point d'arrivée. Et les deux seuls objets matériels qui puissent être observés, ce sont les deux anneaux extrêmes de cette chaîne, le fait observé par l'auteur, le document tracé par l'auteur et observé par nous. Tous les anneaux intermédiaires, croyance, conception, langue, sont des états psychologiques ; nous ne pouvons pas les observer directement, nous ne pouvons que nous les représenter par analogie avec nos propres états intérieurs, les seuls qui nous soient directement connus. Voilà pourquoi la méthode historique est exclusivement une méthode d'*interprétation psychologique par analogie*. Dans la mesure où les sciences sociales se constituent par des documents, elles sont donc elles-mêmes subordonnées à une méthode psychologique.

II. — A quelle condition peut-ono pérer sur un document avec chance d'en tirer une connaissance ? Un document n'a de valeur qu'autant qu'ii est lié par un rapport connu avec le fait sur lequel nous cherchons à être renseigné. Supposons que je rédige un bulletin de recensement au nom d'un personnage de fantaisie, où tous les renseignements seront imaginaires, ce ne sera pas un document.

Il faut qu'il y ait eu un rapport réel entre ce bulletin et un des habitants qu'il s'agit de recenser. Et il ne suffit pas que ce rapport existe, il faut encore qu'il nous soit connu. Un bulletin de recensement rédigé par un véritable habitant tombe entre nos mains sans que nous sachions à quelle époque et dans quel pays il a été écrit, il est pour nous sans valeur, parce que nous ne pouvons le rapporter à aucune réalité précise. Pour qu'un document soit utilisable, il faut que nous sachions précisément avec quels faits le document, ou plutôt son auteur, a été en rapport; c'est-à-dire dans quelles conditions l'auteur l'a produit. Il faut pouvoir le localiser, savoir en quel temps, en quel lieu et par qui il a été produit, connaître ce qu'on appelle la *provenance*. Tout travail sur un document doit commencer par en déterminer la provenance.

Les opérations pour établir la provenance des documents forment une partie indispensable de toute méthode historique. Elles tiennent une très large place dans le travail historique, surtout quand il s'agit de faits très anciens, de l'antiquité ou du moyen âge ; les documents de ces temps arrivent presque tous défigurés par les copies successives, mal localisés, souvent même falsifiés. Une grande partie de la critique consiste à les rétablir dans leur état primitif, à les délivrer des falsifications et à déterminer d'où ils sortent. C'est une opération de nettoyage indispensable pour éviter d'énormes erreurs, mais qui n'ajoute rien de positif à nos connaissances. Les sciences sociales, opérant d'ordinaire sur des périodes contemporaines, sont presque toujours affranchies de ce travail de critique extérieure. Leurs documents se présentent avec des indications de provenance précises, et d'ordinaire exactes, la date, le lieu de publication, le nom de l'auteur, souvent même les conditions de son travail expliquées dans une préface. La critique de provenance a ici peu d'occasion de s'appliquer. Elle se réduit en pratique à deux cas.

Premier cas. — On a des motifs de soupçonner que le document est accompagné d'une fausse indication de date, ou d'auteur ; soit que le contenu du document paraisse en contradiction avec ces indications, soit qu'on soit averti par des renseignements extérieurs. On aura par exemple su que le recenseur n'est pas allé faire l'enquête dont il prétend s'être chargé, ou bien on aura remarqué dans le bulletin lui-même des expressions étrangères à la langue du recenseur.

On doit alors faire une enquête en recherchant les renseignements extérieurs sur la provenance véritable ou en analysant le document pour y découvrir des caractères intérieurs de contradiction et des indices de la vraie provenance. On n'aura qu'à appliquer ici la méthode constituée pour l'érudition historique[1]. En attendant d'avoir trouvé la provenance on devra tenir en suspicion le document et, si on en fait usage, prévenir les lecteurs.

Deuxième cas. — Le document paraît ne pas être l'œuvre d'un seul auteur (cas très fréquent dans les documents officiels) et on a des motifs de soupçonner que les différents auteurs ont eu des opinions contradictoires ou ont suivi des méthodes de valeur différente. Il devient alors nécessaire de savoir comment a été partagé le travail ; on devra tâcher de distinguer les parties faites par chacun des auteurs ; si l'on n'y parvient pas, il faut traiter ces parties indistinctes avec une grande défiance et, si l'on s'en sert, avertir expressément.

(1) On la trouvera exposée dans Bernheim, *Lehrbuch der historischen Methode*, 2e édition 1894, ch. IV et dans Langlois et Seignobos, *Introduction aux études historiques*, 2e éd., p. 66.

CHAPITRE II

LES PRÉCAUTIONS CRITIQUES

I. *Nécessité de la critique.* — Tendance spontanée à croire, motifs de la crédulité.

II. *Formes rudimentaires de la critique.* — Notion du témoignage, insuffisance de la théorie juridique du témoignage, nécessité de l'analyse.

III. *L'analyse.*

IV. *Diverses opérations de la critique.*

I. — Le document est un produit matériel, mais symbolique, qui n'a de valeur qu'autant qu'il représente symboliquement la série d'opérations par lesquelles a passé l'esprit de son auteur ; toutes ces opérations sont exclusivement psychologiques, et, dans le cas même le plus favorable, elles ont pour point de départ une observation faite sans méthode, en dehors des règles de l'observation scientifique. Un document, même le meilleur, n'est que le dernier terme d'une série d'opérations intellectuelles à partir d'une observation mal faite.

Ce serait donc une négligence coupable d'opérer avec un document comme avec une observation scientifique. Il faut, avant de pouvoir utiliser un document, prendre des précautions spéciales, qui constituent toute la première moitié de la méthode historique ; c'est la *critique*, c'est-à-dire le jugement porté sur la valeur du document.

Cette critique, reconnue indispensable en histoire[1], est-elle nécessaire en sciences sociales ? La réponse dépend du but qu'on se propose en étudiant ces sciences. Si on y apporte l'esprit commercial, on trouvera la critique, non seulement inutile, mais dangereuse. Car si l'on tient seulement à produire une impression sur son public, soit à le convaincre de l'avantage ou des inconvénients d'une mesure pratique, soit à lui inspirer de la considération pour la science de l'auteur, l'essentiel est de publier le plus gros travail possible, d'apporter la plus grande masse de faits apparents ; le public, même le public savant, n'a ni le loisir, ni le désir de vérifier la valeur d'une statistique. (On a vu récemment des exemples éclatants de cette négligence.) Or, tout le temps passé à la critique serait perdu pour ramasser des faits, ce serait autant de moins d'apporté à la masse. Mais en outre, la critique ne peut rien *ajouter* à la masse des preuves[1], elle ne peut qu'en *retrancher* des preuves illusoires, elle n'a jamais qu'un résultat *négatif*, elle empêche d'admettre des idées fausses, elle n'en fait

(1) Voir Langlois et Seignobos. *Introduction aux études historiques*, p. 48.

pas acquérir de nouvelles. Le public, en sciences sociales, n'apprécie que la quantité du travail qui se voit d'un coup d'œil, il n'a pas le temps d'en discerner la qualité ; il ne peut distinguer un travail correct d'un travail incorrect. On a donc un avantage commercial évident à se dispenser de la critique, puisqu'elle fait perdre du temps et risque de diminuer la quantité des matériaux. Voilà pourquoi sans doute on en fait si peu usage en science sociale.

La critique n'est utile qu'autant qu'on se place à un point de vue scientifique, qu'on tient à connaître la vérité, et à écarter l'erreur ou la fantaisie. En ce cas seulement elle devient indispensable, car elle est le seul moyen de traiter les documents de façon à en tirer une vérité démontrée, établie méthodiquement, qui ne puisse pas être contestée ; et c'est là ce qu'on appelle la vérité *scientifique*. Il faut donc, avant d'entreprendre aucun travail de critique, résoudre pour soi-même cette question préjudicielle : Veut-on travailler en savant, sans souci du succès, pour atteindre la vérité scientifique ? Veut-on opérer en commerçant pour inspirer au public de la considération, pour l'entraîner à une décision pratique, pour arriver à l'Institut? — C'est à vrai dire une question de conscience : Que doit faire un commerçant d'une marchandise avariée qu'il peut écouler sans que le public s'en aperçoive? Doit-il la laisser perdre ou la vendre? Cette même question peut servir de procédé pour faire la critique d'un ouvrage de sciences sociales. Si l'on a besoin de savoir la valeur scientifique d'un travail, on fera bien de se poser cette question : L'auteur a-t-il eu un but commercial ou un but scientifique? Ou plutôt : Dans quelle mesure l'auteur a-t-il voulu faire de la science? De cette mesure dépendra le degré de confiance.

Si l'on veut vraiment atteindre un résultat scientifique, il faut d'abord se pénétrer de la nécessité de la critique. En principe, tout le monde l'admet; mais c'est un de ces postulats dont parle Carlyle, facilement admis en théorie, et qui passent difficilement dans la pratique. C'est que la critique est contraire à la tournure normale de l'intelligence humaine; la tendance spontanée de l'homme est de croire ce qu'on lui dit. Il est naturel d'accepter toute affirmation, surtout une affirmation écrite,— plus facilement si elle est écrite en chiffres, —encore plus facilement si elle provient d'une autorité officielle, si elle est, comme on dit, *authentique*. Appliquer la critique, c'est donc adopter un mode de penser contraire à la pensée spontanée, une attitude d'esprit contre nature. Or, il faut l'appliquer sans relâche à tous les instants du travail historique; il faut que cette allure contre nature devienne une habitude organique. On n'y parvient pas sans effort. Le mouvement spontané d'un homme qui tombe à l'eau est de faire tout ce qu'il faut pour se noyer ; apprendre à nager, c'est acquérir l'habitude de refréner ses mouvements spontanés et de faire des mouvements contre nature.

Le mouvement spontané d'un homme qui lit un document est de croire tout ce qu'il lit ; apprendre la critique c'est acquérir l'habitude de résister à la crédulité naturelle et d'examiner ce qu'on lit. La critique, comme la natation, doit devenir organique par l'exercice.

Je ne puis ici qu'indiquer les actes dont se compose la critique ; c'est la situation d'un maître nageur qui serait réduit à montrer les mouvements, en laissant chacun de ses élèves s'exercer en son particulier.

Il faut d'abord se mettre en garde contre les mouvements spontanés qui font noyer. L'expérience universelle de l'histoire montre que l'homme est naturellement crédule, il croit ce qu'on lui affirme ; il a fallu des siècles pour produire une lueur de critique, et encore dans un seul pays, en Grèce. Il est donc utile d'analyser les motifs de cette crédulité universelle.

1° Le motif le plus général est la confusion d'esprit ; on entend un récit, on fait une lecture, on imagine aussitôt le fait qu'on vient d'entendre raconter ou de lire; l'image ainsi formée se confond avec les autres images venues d'une autre source, il faudrait un effort de mémoire pour la distinguer; et tout effort est contre nature. Spontanément donc l'homme croit tout ce qui lui est entré dans l'esprit, sans distinguer si cela lui vient de son observation personnelle ou d'une affirmation extérieure.

2° Un motif très général est le respect pour l'écrit, surtout pour l'imprimé; chacun de nous en voit chaque jour la forme la plus frappante, la crédulité vis-à-vis du journal. La pensée fixée par l'écriture, plus encore par l'impression, acquiert une autorité presque irrésistible. Même les gens cultivés, qui ont pourtant appris à se tenir en garde contre les journaux, ont besoin de réagir sans cesse contre ce respect et parfois oublient de le faire.

3° L'impression spéciale produite par les chiffres est particulièrement importante en sciences sociales. Le chiffre a un aspect mathématique qui donne l'illusion du fait scientifique. Spontanément on tend à à confondre « *précis* et *exact* »; une notion vague ne peut être entièrement exacte, de l'opposition entre vague et exact on conclut à l'identité entre « exact » et « précis ». On oublie qu'un renseignement très précis est souvent très faux. Si je dis qu'il y a à Paris 525 637 âmes ce sera un chiffre précis, beaucoup plus précis que « 2 millions et demi », et pourtant beaucoup moins vrai. On dit vulgairement : « brutal comme un chiffre » à peu près dans le même sens que « la vérité brutale », ce qui sous-entend que le chiffre est la forme parfaite de la vérité. On dit aussi : « Ce sont des chiffres, cela, » comme si toute proposition devenait vraie dès qu'elle prend une forme arithmétique. La tendance est encore plus forte, lorsque au lieu d'un chiffre isolé on voit une série de chiffres liés par des opérations d'arithmétique. Les opérations sont scientifiques et certaines ; elles inspirent une impression de confiance qui s'étend aux données de fait sur lesquelles on a opéré ; il faut un effort de critique pour distinguer, pour admettre que dans un calcul juste les données peuvent être fausses, ce qui enlève toute valeur aux résultats. C'est une illusion de ce genre qui explique le succès d'un ouvrage de statistique fantaisiste comme Mulhall, *The progress of the World;* où la richesse de chaque pays est calculée avec une précision étonnante à partir de chiffres admis sans aucun contrôle.

4° On ressent un respect naturel pour les autorités officielles, politiques ou scientifiques, les bureaux de ministère, les offices de statistique ou les corps savants. Tout document rédigé par un fonctionnaire dans des formes consacrées prend un caractère semi-magique, il devient un document *authentique.* On oublie que le caractère authentique consiste dans les formes de l'acte, non dans son contenu, et que d'ordinaire les déclarations inscrites dans l'acte ne sont pas contrôlées ; on confond souvent « authentique » avec exact[1] ; on dit parfois, même à la Chambre, « fait authentique, » pour dire un fait établi sûrement. Il faut une tournure d'esprit ou une éducation exceptionnelles pour résister à cet entraînement. Des professionnels de la critique, des érudits, en sont parfois incapables ; respectueux des autorités établies, ils souffriraient, comme d'un acte révolutionnaire, de refuser leur croyance à un acte rédigé par un fonctionnaire.

5° Le motif le plus puissant de tous est la paresse. Il faut se donner plus de peine pour critiquer une affirmation que pour l'admettre sans contrôle, surtout en matière de travail scientifique où le contrôle est toujours long. La tentation est très forte de traiter les documents comme des observations scientifiques, d'où il ne reste qu'à extraire des matériaux tout prêts et à les grouper en une construction. *Vita brevis, ars longa*. On abrège l'art en supprimant la critique, le travail est plus vite fait.

6° Enfin, pour le motif commercial indiqué plus haut,

(1) M. d'Avenel, *Histoire économique de la propriété*, etc., 1894, Introduction, donne comme certains tous les prix indiqués dans des actes d'enregistrement, parce que ces actes sont authentiques.

on trouve avantage à sacrifier le moins possible de documents ; on ferait une mauvaise affaire en employant son temps à diminuer la quantité de matériaux qu'on pourra mettre en œuvre ; on ne veut pas jeter une marchandise avariée qui peut figurer encore à l'étalage ; on compte que le public n'y regardera pas de trop près, et d'ordinaire on n'a pas à s'en repentir, commercialement du moins.

Il est utile de se rendre compte expressément de ces motifs inconscients, pour bien voir la nécessité de faire méthodiquement son examen de conscience et de se tenir en garde contre toutes les tentations et tous les mouvements spontanés. Il serait utile que cette connaissance entrât dans le domaine commun, elle pourrait créer une opinion publique qui servirait de frein aux travailleurs sans conscience, et de sanction pénale contre les mauvais travaux.

Une opinion publique a été créée ainsi en France en matière d'érudition historique et philologique depuis une trentaine d'années, par la *Revue critique*, et elle a servi par la terreur à empêcher de se produire beaucoup d'ouvrages mal faits. Les sciences sociales ont un besoin non moins urgent de cette police scientifique.

II. — Quand on est parvenu à sortir de l'état de

nature, qui est la crédulité totale, on commence à entrer sur le terrain de la critique ; mais on n'arrive pas du premier coup à des procédés méthodiques. La critique naissante prend d'abord une forme vague. Comme on a été grossièrement trompé par des documents sans aucune valeur, on se met à distinguer entre ceux-là et les autres, et l'on admet que certains documents, provenant de faussaires ou de menteurs avérés, doivent être rejetés. Dans un paquet de bulletins de recensement on découvre des marques évidentes de fraude, on met à part comme suspects tous les bulletins de ce paquet parce qu'ils émanent d'une personne peu digne de foi.

Combinée avec la pratique des tribunaux, cette distinction a produit la théorie du témoignage[1]. Elle repose sur l'idée qu'il y a de bons et de mauvais *témoins*. Les bons témoins, dignes de foi, sont ceux qui ont connu la vérité et voulu la dire, les témoins sincères et bien informés ; les mauvais témoins sont les menteurs et les hommes mal informés, ils n'ont pas su la vérité ou n'ont pas voulu la dire. Cette distinction s'applique d'abord aux personnes. En la transportant aux écrits, on classe les documents suivant leur auteur, comme en justice on classe les témoignages : d'un côté les documents dignes de

(1) Elle a été exposée par le P. de Smedt, *Principes de la critique historique*, 1887, et reproduite par Tardif, *Principes de critique*.

foi, de l'autre les documents suspects ; c'est la vieille notion juridique qu'il y a des témoins dont la déclaration doit emporter le jugement. Elle se combine avec une autre notion juridique, celle de l'acte *authentique*, c'est-à-dire régulier, qui doit être accepté parce qu'il est dans les formes, tandis que le document *apocryphe* doit être rejeté à cause de sa forme. Ces notions ne sont nullement scientifiques, et quand on les introduit dans la critique historique on oublie les différences profondes entre un problème scientifique et une affaire juridique.

1° En justice il y a deux parties. Le juge *doit* décider dans tous les cas entre les deux, répondre oui ou non ; c'est une balance qui doit finir par pencher d'un côté. Il est amené ainsi par des nécessités pratiques à établir des critériums *conventionnels*, qui sont l'acte authentique, le témoignage recevable ; la balance penche du côté où ces critériums se trouvent. Cela suffit pour emporter la décision, car il s'agit seulement d'une décision extérieure, non d'une conviction intérieure. Mais en science on n'est jamais forcé de répondre à une question et il faut *savoir* véritablement avant de pouvoir rien affirmer. En présence d'une question scientifique il peut y avoir non pas seulement deux, mais trois attitudes : « Oui. — Non. — Je ne sais pas. » Si donc un acte ou un témoin paraissent insuffisants pour conclure, on peut — et on doit — suspendre son jugement. Il serait dangereux de traiter le témoignage en science comme en justice, car si l'on n'a sur une question qu'un seul document, en présence de cette affirmation unique non contredite, on aura de la peine à garder l'attitude du doute : on semblerait insulter le témoin, en doutant de sa parole. Et ainsi on se laissera aller à dire : Nous n'avons pas de raison de douter du témoin, nous pouvons donc affirmer. On oublie qu'en science pour affirmer une solution, il faut avoir la *preuve* qu'elle est exacte et qu'on doit dire : Nous n'avons pas de raison d'affirmer, donc nous devons douter. En justice le doute équivaut à une affirmation en faveur d'une des deux parties, en science il ne doit aboutir qu'à une négation provisoire.

2° En justice il y a entre deux parties un duel soumis à des règles d'attaque et de défense ; l'un des adversaires produit un témoignage ou un acte, l'autre doit produire un témoin ou un acte en sens inverse, sinon il perd. Transportée sur le terrain historique cette règle devient une entrave à la science. En fait elle aboutit à donner à l'opinion la plus ancienne une sorte de possession d'état ; on déclare qu'elle sera admise provisoirement en attendant la preuve contraire. Or, en science, on doit rejeter provisoirement tout ce qui n'est pas prouvé. L'application de cette règle est encore plus dangereuse en matière de document. On s'aperçoit qu'un document est suspect, c'est-à-dire ne paraît pas provenir d'une observation exacte, on devrait l'écarter provisoirement ; mais en vertu de la règle de la possession d'état on continue provisoirement à le traiter comme un document sûr, c'est-à-dire à admettre comme exactes ses affirmations, jusqu'à ce qu'on ait pu prouver qu'il est mauvais. On encombre ainsi la science de constructions fragiles qui s'écroulent le jour où la preuve est faite que le document ne vaut rien.

3e En justice on n'a qu'à décider une question délimitée par les termes de l'affaire. On prend le témoignage en bloc, on l'admet ou on le rejette tout entier. En science il s'agit d'une quantité innombrable de questions. Le même témoin a d'ordinaire laissé des affirmations sur des milliers de faits. Un seul tableau de statistique, un simple bulletin de recensement, un seul document contient des renseignements très divers. Le principe juridique est de considérer en bloc un témoignage. La critique historique doit employer le procédé inverse, analyser le document en ses éléments les plus menus, car chacun de ces éléments représente une opération d'esprit différente faite par l'auteur du document, il donne donc un renseignement de valeur tout à fait différente. Le document le plus mensonger renferme toujours des conceptions exactes. L'auteur d'une déclaration frauduleuse de vente peut avoir trompé sur le prix, et donner exactement la contenance de la terre vendue.

Ainsi on est conduit à formuler trois règles opposées à celles du témoignage juridique : 1° La critique ne doit affirmer ou nier que s'il y a des raisons concluantes ; à défaut de ces raisons elle doit suspendre la conclusion. 2° Elle ne doit tenir aucun compte de ce qui a été admis antérieurement sans preuves suffisantes ; il n'y a pas en science de prévention favorable. 3° Elle doit opérer toujours en commençant par analyser le document.

III. — Analyser, c'est décomposer jusqu'à l'élément irréductible. Cet élément est différent suivant l'espèce de faits qu'on cherche à connaître. — En matière de langue on doit arriver jusqu'au mot et même jusqu'à l'élément qui entre dans la composition du mot. — En matière de conception on arrive jusqu'aux idées et aux images qui entrent dans la composition d'une phrase, non seulement jusqu'aux jugements élémentaires, mais jusqu'aux métaphores. — En matière de faits extérieurs (c'est le domaine propre des sciences sociales), l'élément dernier, ce n'est pas le fait total, c'est l'affirmation de l'existence de chacune des conditions du fait, la date, le lieu, la personne, le chiffre, etc. Cette phrase « A... maçon à X... veuf » contient quatre éléments distincts, 1° A... 2° sa profession, 3° son domicile, 4° sa qualité de veuf. Il faut examiner chacun à part pour déterminer si l'auteur a opéré correctement en l'introduisant dans le document ; car il peut avoir observé ou rédigé correctement un des éléments et pas l'autre. Il se peut qu'il ait eu raison de dire A... maçon, et tort de le dire veuf ou demeurant à X...

Nous voici ramenés à la différence capitale entre la méthode historique et celle des sciences d'observation directe. Le document sur lequel opère la méthode historique n'est qu'un moyen de connaissance indirecte ; mais, en suivant toute la série des opérations par lesquelles il s'est formé, on peut remonter à une observation directe. Et l'observation directe, dans une science d'observation, prend elle-même en pratique la forme d'un procès-verbal écrit, qui ressemble bien à un document. Il semble donc qu'on pourrait les traiter par la même méthode. En fait un savant prend le procès-verbal d'observation rédigé par un autre savant et s'en sert pour conclure, sans faire d'autre opération. En pratique il se contente de savoir que un tel « travaille bien » ou « travaille mal », et il accepte ou rejette l'observation suivant l'opinion qu'il a de l'observateur. C'est un procédé semblable à celui de la critique de témoignage, un jugement en bloc. Pourquoi ce procédé serait-il légitime en science, et condamné en histoire ? Pourquoi appliquer la méthode critique aux documents puisqu'on ne l'applique pas aux procès-verbaux d'expérience ?

C'est qu'il y a une différence pratique entre une observation et un document. L'observation est un document fait suivant des règles précises et fixes d'observation et de notation ; ces règles obligent l'observateur à analyser avec précision les faits qu'il observe et à faire la critique de ses impressions. Le travail d'analyse et de critique a été fait par l'observateur lui-même pendant l'opération. On peut donc se contenter de vérifier si l'observateur travaille bien ou mal, c'est-à-dire s'il applique correctement les règles ; et cette vérification suffit pour accepter ou rejeter en bloc son travail.

Le document est une observation venue au monde sans règles. Il se compose d'éléments dont chacun peut avoir été obtenu par une méthode différente, il faut donc bien l'analyser, c'est-à-dire distinguer ces éléments, afin de rechercher séparément pour chacun s'il a été obtenu par une méthode correcte ou non.

Ce travail n'ayant pas été fait pendant l'observation, il faut le faire sur le document, c'est proprement l'œuvre de la critique. Or l'histoire n'opère jamais que sur des documents et les sciences sociales seront dans la même condition, tant qu'elles n'auront pas constitué une méthode scientifique avec des règles précises sur la manière de recueillir les renseignements sociaux. Elles ne peuvent donc pas se passer de l'analyse et de la critique.

IV. — La critique se divise pratiquement en trois séries d'opérations qu'on peut désigner par les noms suivants :

1° La critique d'interprétation, qui consiste à déterminer le sens du document, c'est-à-dire la conception de l'auteur.

2° La critique de sincérité, qui consiste à discerner si l'auteur a menti ou parlé sincèrement, de façon à déterminer sa croyance sur chaque point.

3° La critique d'exactitude, qui consiste à examiner si l'auteur s'est trompé ou a observé correctement, de façon à déterminer les faits extérieurs qu'il a observés.

Il faut y ajouter une opération préalable, la critique de provenance, destinée à déterminer par qui a été rédigé le document.

CHAPITRE III

CRITIQUE DE PROVENANCE

I. *Conditions de la critique de provenance.*
II. *Difficultés spéciales aux documents des sciences sociales.*

Les principes généraux de la critique exposés dans le chapitre précédent sont applicables aux opérations des sciences sociales dans la mesure où elles se servent de documents.

I. — D'abord s'impose une opération préalable : établir la provenance du document. Cette opération, longue et difficile pour les documents anciens, est d'ordinaire très facile pour les documents récents. Elle consiste à réunir les renseignements sur la façon dont le document s'est formé. De notre temps les renseignements les plus nécessaire, l'époque, le lieu, le nom et la qualité de l'auteur, sont d'ordinaire joints au document lui-même. Il ne reste qu'à se demander si ces indications sont exactes. En général au XIXe siècle, depuis l'organisation régulière de l'imprimerie et de la bibliographie, elles sont exactes en gros, il ne se fabrique plus guère, comme autrefois, de documents apocryphes.

Mais il se fait encore beaucoup de menues falsifications, d'inexactitudes volontaires, surtout dans la date exacte de publication et les noms des auteurs véritables. Comme on a rarement les moyens de les rectifier, il est sage de ne prendre ces renseignements que pour des données approximatives; de ce qu'un livre porte la date 1901 il ne faudrait pas conclure qu'il n'a pas été publié en 1900.

On fera bien de s'informer des conditions de travail spéciales au pays, à l'époque, au genre dans lequel a travaillé l'auteur. On saura quelles espèces d'inexactitudes sont habituelles dans ce pays, à cette époque, dans ce genre et par conséquent quelles indications de provenance ont chance d'être inexactes. C'est là une notion bien vague, mais on ne peut pas préciser; cet examen ne peut produire qu'un état de défiance vague. Mais ce soupçon, conçu au commencement du travail, accompagnera toute l'étude du document et rendra plus facile d'apercevoir dans le document lui-même les indices précis d'un faux renseignement de provenance, qui seront les contradictions entre le contenu même du document et la date, le pays, l'auteur, indiqués en tête.

Pratiquement il ne serait pas raisonnable de procéder avec les documents contemporains comme on fait pour les textes anciens ; l'éditeur commence par lire et étudier l'ensemble du document pour trouver des contradictions et des renseignements de détail qui permettent de fixer la vraie provenance. C'est un luxe que permet l'extrême rareté des documents sur ces périodes. Mais en science sociale le travail serait trop long et on ne dispose pas d'un nombre suffisant de spécialistes. Il faut donc que celui qui veut utiliser le document fasse lui-même sa critique de provenance. Ce travail pratiquement se réduit à un contrôle sur les affirmations inscrites en tête du document ; il suffit donc de lire avec la préoccupation de recueillir les indices de contradiction entre le contenu du document et sa provenance déclarée.

II. — La principale difficulté est de déterminer l'auteur véritable des documents officiels. Ils sont d'ordinaire anonymes, ou bien ils indiquent pour auteur le chef du service par lequel ils ont été publiés et c'est par les subalternes que le travail a été fait.

Quant aux documents statistiques on peut être sûr qu'ils sont toujours le produit d'une collaboration, puisqu'il est matériellement impossible à un homme de faire seul toutes les observations résumées dans les chiffres d'une statistique. Qui pourrait se charger d'un recensement s'il n'avait des auxiliaires pour recueillir un à un les renseignements?

Ces auteurs ou ces collaborateurs ne laissent pas tous une trace apparente de leur activité dans le document qui est leur œuvre. Il sera même presque toujours impossible de les déterminer tous. Mais du moins on doit se faire une règle de lire avec soin les indications — généralement déposées dans la préface ou les appendices de la publication — sur la façon dont le document a été préparé et rédigé. On devra se rendre compte aussi nettement que possible des auteurs et des collaborateurs, de leur caractère et de leurs habitudes, de la part que chacun a prise au travail, et surtout des procédés qu'ils ont employés pour recueillir leurs renseignements et pour les résumer en formules. Si l'on ne parvient pas à voir clairement par quels procédés le document a été fabriqué, on sera du moins averti de garder la défiance que doit toujours inspirer le résultat brut d'opérations restées inconnues.

CHAPITRE IV

CRITIQUE D'INTERPRÉTATION

I. *Analyse préalable*. — Décomposition en éléments. — Procédés pratiques. — Limites de la connaissance. — Rapidité des opérations.

II. *Critique d'interprétation*. — Langue. — Sens littéral. — Sens détourné. — Résultat des opérations.

I. — Une fois la provenance établie, commence le travail sur le contenu du document, la *critique*. On a vu qu'il ne peut se faire que par l'analyse.

L'analyse et la critique sont deux opérations distinctes logiquement; mais pratiquement elles se font presque toujours ensemble et même elles se combinent avec les autres opérations que j'ai énumérées plus haut, la lecture, l'explication du sens, l'interprétation. Toutes se font à la fois, sans qu'on prenne conscience de faire des actes différents, comme en nageant on fait à la fois plusieurs mouvements qu'on a été obligé de décomposer pour les apprendre. Quand on a pratiqué avec méthode ces opérations, on arrive assez vite à les faire spontanément. On s'est accoutumé à une certaine façon de lire, on a contracté une habitude d'esprit qui accompagne désormais la lecture de tout document; la critique est devenue organique et inconsciente.

Le principe fondamental de la critique interne, c'est qu'un document étant une observation mal analysée et mal critiquée, il en faut analyser et critiquer séparément toutes les parties et par conséquent d'abord le décomposer en ses éléments. Au point de vue de la critique, un *élément* c'est chacune des opérations qu'a dû faire l'observateur qui a été l'auteur du document, chacune des opérations pour laquelle il a pu procéder incorrectement et par suite introduire dans son document une cause d'erreur. Mais cette critique rencontre deux difficultés.

1° Le document n'est que le résultat brut d'un grand nombre d'opérations intellectuelles, or l'auteur ne nous donne pas le détail de ces opérations. Comment parvenir dans le résultat à démêler chacune d'elles ?

2° Quand même il serait logiquement possible de faire cette analyse, comment trouver le temps de faire la critique spéciale de chacune de ces opérations, qui souvent se chiffrent par milliers ?

Ces deux difficultés forment le problème fondamental de la méthode critique ; elle n'est utile qu'autant qu'elle en peut fournir une solution pratique;

sinon, elle resterait à l'état de théorie logique. En fait la méthode critique a rendu des services : voici par quels moyens.

a. Pour déterminer les opérations par lesquelles s'est construit le document, nous n'avons pas, il est vrai, de renseignements particuliers ; mais nous pouvons partir des renseignements généraux que nous donne la connaissance des lois générales des opérations psychologiques. Nous savons *d'avance* quelles opérations un homme a dû faire *nécessairement* pour arriver à un résultat d'une forme donnée ; car ces opérations tiennent à la nature même de l'esprit humain. Nous pouvons affirmer qu'il s'est produit au moins le minimum nécessaire d'opérations : une observation, une croyance, une conception, aboutissant à la rédaction du document. Nous pourrons donc toujours décomposer au moins en trois groupes, et pour chacun procéder à une critique différente : 1° critique d'interprétation, 2° critique de sincérité, 3° critique d'exactitude.

Nous savons en outre quels sont les éléments séparables dans toute affirmation : un jugement est forcément la réunion de plusieurs conceptions, nous pouvons les isoler et affirmer que chacune d'elles a été le produit d'une opération d'esprit différente; nous savons qu'il faut en faire séparément la critique, puisque chacune peut avoir une valeur différente d'exactitude ou de sincérité. Dans un bulletin de recensement l'analyse est déjà faite en forme, le bulletin est une réunion de réponses à un questionnaire analytique qui a déjà isolé les éléments. Il en est de même des tableaux statistiques. Mais dans tout document rédigé sous la forme synthétique de phrases suivies il faut faire l'analyse de chaque phrase.

La difficulté n'est pas d'analyser de façon à retrouver les opérations qu'a dû faire l'auteur, puisqu'elles sont données par la nature même de l'esprit humain; c'est de déterminer *comment* l'auteur a fait chacune d'elles; car ce qui importe dans la pratique c'est de savoir s'il l'a faite *correctement* ou *non*, pour décider si le résultat est correct et peut être utilisé. Là-dessus il n'existe aucun moyen d'arriver à la certitude, aucun moyen sûr de savoir comment l'auteur a procédé; c'est cela même qui fait la différence entre un document et une observation.

Tout ce qu'on peut savoir c'est que dans certains cas l'auteur n'a *pas pu* opérer correctement : il n'a pas pu observer ou croire, ou concevoir, ce qui est dans le document; dans ce cas ou bien son affirmation est erronée ou mensongère et par conséquent nulle, ou bien le document est faussement attribué à cet auteur.

Cela permet de mettre à part les affirmations nulles, ce qui est un résultat purement négatif, mais non pas un résultat nul; car il est nécessaire de n'être pas dupe d'un document sans valeur.

Dans les autres cas, s'il n'y a pas d'impossibilité que les opérations aient été correctes, il ne reste qu'un procédé relatif pour continuer le travail de critique. Nous savons par l'expérience humaine qu'il y a des situations où l'homme est plutôt porté à procéder correctement; d'autres où il lui est plus naturel d'opérer incorrectement. Nous connaissons d'avance ces situations, car elles tiennent aux conditions générales de l'esprit. Nous pouvons donc dresser d'avance un questionnaire général de ces conditions; et à propos de chaque opération nous demander : « Était-elle dans le cas où la correction est plus probable ou au contraire dans le cas où c'est l'incorrection qui est probable? » Nous arriverons ainsi à partager les opérations en deux catégories, les unes plus probablement correctes, les autres plus probablement incorrectes et par conséquent suspectes. Ce n'est là qu'un résultat relatif et provisoire; on verra plus loin comment on peut le compléter.

b. L'autre difficulté, qui paraît d'abord insurmontable, c'est le grand nombre des opérations nécessaires à la critique. Où trouver le temps de faire tant d'opérations ? Mais cette difficulté n'est qu'une illusion, dont voici la cause. Toute analyse consciente d'opérations, qui essaie de décrire par la parole des actes inconscients, exige de longues explications ; car la parole est un instrument très imparfait pour reproduire des actes. Si l'on essayait d'analyser la marche l'impression serait la même ; on pourrait dire : Où trouver le temps de faire tous les mouvements nécessaires pour marcher ? Pour toute opération, ce qui est long c'est d'en prendre l'habitude. Il faut du temps aussi pour apprendre à marcher. En critique il s'agit de prendre l'habitude de l'analyse générale et de la défiance méthodique. Une fois l'habitude prise, on critique comme on marche, sans avoir besoin d'y penser. En lisant chaque phrase on voit aussitôt de quels éléments logiques elle se compose et par conséquent à quelles opérations elle correspond ; sur chacune on fait aussitôt et à la fois ses trois critiques, d'interprétation, de sincérité, d'exactitude, sans même prendre conscience qu'on se pose des questions ; car le questionnaire, à force de se répéter, est devenu inconscient. Si l'on ne sent rien de suspect dans la phrase, on continue la lecture sans s'en apercevoir ; si la phrase implique une opération suspecte on s'arrête aussitôt spontanément ; on remarque un motif de défiance, on prend une note, ou même on se contente de s'en souvenir sans le formuler. Ces remarques de détail s'accumulent sur les fiches ou dans la mémoire et finissent par produire un jugement sur la valeur du document. Si un document n'a donné lieu à aucune impression de défiance, on sait qu'il a été composé dans des conditions presque aussi favorables qu'un procès-verbal d'observation ; mais c'est un cas rare. Dans les autres cas on garde une impression de défiance sur certains points, qui sert à diriger le travail de critique sur ces points.

En pratique toutes ces opérations se font ensemble. Si l'on est obligé ici de les expliquer à part et successivement, cela tient seulement aux conditions de la parole humaine. Elles vont être exposées ici dans l'ordre logique.

II. — La première opération est la critique d'interprétation, destinée à déterminer le sens donné par l'auteur du document et par conséquent sa conception. Elle suppose qu'on sait la langue dans laquelle l'auteur a écrit. La langue est ainsi une science auxiliaire de la critique. Mais il ne suffit pas de savoir en général la langue du document, il ne suffit pas de savoir l'anglais pour interpréter tout document écrit en anglais; une langue n'est pas un système de symboles absolument précis et invariable.

Dans ce qu'on appelle une langue, les sens varient beaucoup d'une époque à l'autre, il y a même des changements de sens à quelques années de distance. Il y a aussi, dans le territoire d'une langue, des différences de sens d'une région à une autre. Ce qu'il faut savoir pour interpréter un document ce n'est pas l'anglais en général, c'est l'anglais de l'auteur du document, qui ne sera pas tout à fait le même suivant qu'il aura écrit au XVIIIe ou au XIXe siècle, en Angleterre ou aux États-Unis.

Or la tendance spontanée est de traiter une langue comme un système invariable de signes, d'admettre un sens fixe pour chaque mot [1]. Il faut donc ici une première précaution, une réaction de la critique contre les mouvements de la nature.

En pratique la variation porte surtout sur certaines espèces de mots; ceux qui sont le plus exposés à changer de sens sont ceux qui désignent des arrangements sociaux ou des conceptions sociales, toujours difficiles à préciser et qui évoluent plus rapidement que les autres faits; ce sont les mots qui désignent un sentiment, une conception, une institution, ou

(1) Cette tendance va jusqu'à attribuer le même sens à un même mot dans deux langues différentes, ce qui produit souvent des contresens sur les textes anglais; on oublie que le mot, depuis qu'il a passé de l'ancien français dans l'anglais, a pris un sens nouveau, que *control* signifie maintenant « domination », que *education* a pris le sens du français « enseignement ».

même un acte usuel. C'est donc sur ces mots que l'attention doit être portée systématiquement. On doit se demander dans quel sens l'auteur l'a pris.

La précaution est particulièrement nécessaire dans tout document statistique, car ici le sens vulgaire du mot étant souvent trop vague pour répondre aux questions précises que pose tout recensement, l'auteur a été obligé de le préciser dans un sens arbitraire, pour décider dans quelle catégorie devait rentrer chacune des réalités qu'il a eu à dénombrer. Il lui a fallu se demander par exemple : « Qu'est-ce qu'un *crime ?* Que doit-on compter comme *maison ?* Qui doit-on considérer comme un *patron ?* » L'auteur a ainsi donné à ces mots un sens spécial. Pour interpréter ce qu'il a écrit, il faut savoir ce sens.

Par quel procédé peut-on déterminer le sens spécial d'un mot dans un document? On doit opérer comme pour un mot d'une langue inconnue : réunir les passages du même document où ce mot se trouve dans un contexte qui rend le sens évident[1]. Mais il faut prendre garde qu'un même mot peut avoir des sens différents chez un même auteur et tenir compte de ces différences.

Il n'a été parlé ici que du sens des mots, mais tout

(1) On trouvera la théorie avec des indications détaillées dans Langlois et Seignobos. *Introduction aux études historiques*, p. 123.

ce qui se dit des mots doit s'appliquer aux expressions formées de la réunion de plusieurs mots. Il est bien évident que pour interpréter l'expression « banque populaire » il ne suffira pas de comprendre séparément les deux mots « banque » et « populaire » ; la réunion forme vraiment un mot nouveau.

Il ne suffit pas, pour interpréter la pensée d'un auteur, d'avoir compris le sens littéral des mots. Il faut s'assurer que l'auteur a employé les mots dans leur sens littéral ; qu'il ne les a pas pris dans un sens détourné, par allégories, plaisanteries, allusion, ou par simple figure de rhétorique, telles que métaphore, hyperbole ou litote. Pratiquement, dans les documents des sciences sociales, le sens détourné est rare ; il faut cependant penser aux plaisanteries. Mais surtout il faut prendre garde, si l'on est amené à faire usage de documents en langue littéraire, ou de lettres privées, que dans ces sortes de textes les figures de rhétorique ou les allusions sont fréquentes. Il est dit dans des récits du XIIe siècle que Guillaume le Conquérant avait 60 000 chevaliers à son service, et que le roi d'Angleterre Henri II avait dans son trésor 60 000 marcs. Un historien qui prendrait ces chiffres pour établir le nombre des domaines féodaux ou le budget des rois d'Angleterre commettrait une lourde erreur. Car 60 000 (*LX millia*) est à cette époque une hyperbole pour dire beaucoup. (Voir Round, *Feudal England*, 1895.)

Le sens détourné ne se révèle par aucun critérium extérieur ; rien dans la langue écrite ne marque l'allusion, la figure de rhétorique ou la plaisanterie ; l'essence même de la mystification est d'effacer soigneusement toute trace extérieure de comique. Pour apercevoir ce caractère détourné il ne reste donc d'autre moyen que de comparer le passage suspect avec le reste du document ; on est averti qu'il y a un sens détourné quand le sens littéral est obscur, contradictoire ou absurde. D'ailleurs il n'existe aucun procédé général pour atteindre le vrai sens ; on n'a d'autre ressource que de comparer avec l'ensemble du document les passages suspects de contenir un sens détourné.

Quand on est parvenu à déterminer le sens du document, la critique d'interprétation est terminée. Elle aboutit à faire connaître la *conception* de l'auteur. Elle la fait connaître avec certitude ; car un homme ne peut exprimer que ce qu'il a conçu. Elle nous donne donc le moyen de faire l'inventaire des conceptions avec lesquelles a opéré l'auteur.

CHAPITRE V

CRITIQUES DE SINCÉRITÉ ET D'EXACTITUDE

I. *Conditions spéciales à chacune des deux critiques.* — Sincérité, causes d'altération, procédés. — Exactitude, causes d'erreur, procédés pour les découvrir.

II. *Opération commune.* — Questionnaire, conditions générales de la production du document, conditions particulières de chaque opération, cas suspects. — Résultat.

La critique de sincérité et la critique d'exactitude sont logiquement des opérations nettement distinctes, puisque chacune aboutit à une espèce différente de conclusions. La critique de sincérité ne sert qu'à déterminer ce que l'auteur du document a cru ; mais elle n'atteint qu'un phénomène psychologique, la croyance de l'auteur. La critique d'exactitude fait connaître les faits extérieurs que l'auteur a observés, elle pénètre jusqu'à la réalité. Certaines espèces de travaux historiques n'ont besoin que de la critique de sincérité ; quand on a déterminé ce que l'auteur croyait, le travail est fini ; c'est le cas de toutes les études de doctrines, qui forment une partie des sciences sociales. Il faut donc analyser successivement les conditions spéciales à ces deux critiques, de sincérité et d'exactitude.

En pratique, pour toutes les études de faits extérieurs — qui forment la très grande majorité des cas — il n'est pas nécessaire de distinguer expressément entre les deux critiques. Le but pratique étant de déterminer ce qui a existé dans la réalité extérieure, il est indifférent que ce soit par manque de sincérité ou par défaut d'exactitude que l'auteur ait donné un faux renseignement ; il importe seulement de déterminer s'il l'a donné exact ou inexact et le résultat des deux critiques se confond dans une conclusion unique. Il paraît donc rationnel d'étudier d'abord les conditions spéciales à chacune des deux critiques, puis de décrire l'opération commune qui, dans la pratique, les combine d'ordinaire toutes deux.

I. — On a expliqué plus haut que toute opération de critique commence par l'analyse. Le document doit être d'abord analysé, c'est-à-dire décomposé en ses affirmations. On doit séparer chacune des affirmations indépendantes contenues dans le document et l'examiner à part. On reconnaîtra une affirmation indépendante à ce signe qu'elle pourrait être vraie tandis que toutes les autres sont fausses, ou inversement ; c'est la preuve qu'elle a été de la part de l'auteur le produit d'une opération indépendante qui peut avoir été correcte, tandis que toutes les autres étaient incorrectes, ou inversement. C'est sur chacune de ces affirmations que doit se faire séparément la critique.

1° La critique de sincérité part de ce principe — qui est un fait d'expérience — que les hommes disent tantôt ce qu'ils croient, tantôt ce qu'ils ne croient pas ; on ne doit donc pas tirer toujours la même conclusion de l'affirmation d'un homme sur sa croyance, on ne doit pas opérer comme s'il avait dit nécessairement ce qu'il croyait. — Entre l'affirmation et la croyance, il n'y a pas de rapport fixe ; tantôt un homme parle sincèrement, tantôt il ment. — Il n'y a pas de signe extérieur, qui permette de distinguer ces cas l'un de l'autre ; il n'y a pas de critérium de la sincérité ; ce qu'on appelle « l'accent de sincérité », n'est que l'apparence de la conviction, et ne prouve que l'habileté ou l'effronterie. Un bon acteur, un menteur impudent, sauront, mieux que personne, donner cette impression. — Il n'y a pas même de rapport fixe entre le caractère général d'un auteur et sa sincérité ou son manque de sincérité dans un cas particulier : tel sera sincère sur un article qui mentira sur un autre ; il ne suffit donc pas de classer les auteurs en sincères et mensongers.

Tous ces procédés sommaires de diagnostic étant écartés, il ne reste plus qu'un moyen correct : c'est d'examiner séparément chaque affirmation indépendante, c'est-à-dire chacune des opérations que l'auteur a dû faire, et de rechercher dans quelles conditions l'auteur se trouvait, s'il est probable que ces conditions l'ont incliné plutôt à être sincère ou plutôt à mentir, ou si l'on ne peut rien dire de l'action qu'elles doivent avoir eue. Le travail supposera donc deux recherches : 1° en général dans quelles conditions a opéré l'auteur pour produire l'ensemble du document ; 2° en particulier dans quelles conditions il s'est trouvé pour chacune des opérations.

Le résultat de cette recherche sera relatif et simplement probable ; elle aboutira à classer les affirmations en suspectes de mensonge et non suspectes. Or, il se peut qu'une affirmation suspecte soit sincère et qu'une affirmation non suspecte soit mensongère. Ce ne sera donc qu'une conclusion provisoire.

Pour faire cette critique il faut savoir dans quels cas un auteur est enclin à n'être pas sincère. Ces cas, on peut les prévoir ; car ils tiennent aux conditions générales de l'esprit humain, qui sont les lois empiriques de la psychologie. On pourra donc d'avance prévoir les cas les plus ordinaires de mensonge, les motifs les plus forts d'altérations. On pourra en dresser la liste, on aura ainsi un questionnaire qu'on appliquera à chacune des affirmations indépendantes. (Il est bien entendu que cette opération devra devenir instinctive et finira par être très rapide.)

Ce travail suffit pour faire l'histoire des doctrines sociales ; il suffit en effet, dans cet ordre d'études, de déterminer ce qu'un auteur a cru ; on ne cherche à connaître que ses opérations intellectuelles sans avoir besoin d'atteindre des faits extérieurs. Le travail se ramène à une simple analyse des œuvres. La seule difficulté c'est de reconstituer l'évolution de la pensée de l'auteur, de découvrir comment chacune de ses doctrines est née et s'est transformée. La méthode consistera à étudier ses doctrines dans l'ordre chronologique, ce que les historiens des doctrines ont souvent oublié de faire, mais ce qui n'est pas très difficile.

2° Pour la critique d'exactitude, la position de la question est analogue. C'est un fait d'expérience que les hommes affirment souvent ce qu'ils ne savent pas, — soit parce qu'ils affirment sans preuve, — soit parce qu'ils se trompent, ou en observant, ou en faisant une des nombreuses opérations intellectuelles nécessaires pour aboutir à un jugement. C'est un fait d'expérience qu'ils se trompent plus souvent encore qu'ils ne mentent, parce qu'il faut de l'attention pour ne pas se tromper, tandis qu'il suffit de se laisser aller à la nature pour ne pas mentir.

Il n'y a aucun rapport fixe entre la réalité et les affirmations des gens qui croient savoir ; pas plus qu'il n'y a de critérium de sincérité, il n'y a un critérium d'exactitude. La précision des détails — qui fait trop souvent illusion — prouve seulement la force d'imagination du narrateur, elle n'est qu'une apparence d'exactitude. — Encore moins y a-t-il un rapport fixe entre le caractère général d'un homme et son exactitude dans un cas particulier. — Il ne reste donc ici, comme en matière de sincérité, qu'un procédé relatif, c'est de rechercher dans quelles conditions l'auteur se trouvait, et de se demander si ces conditions ont dû l'incliner plutôt à être exact ou plutôt à se tromper. Il faut faire cette recherche, d'abord en général, puis en particulier pour chaque affirmation.

Ici, comme en matière de sincérité, le résultat sera relatif et provisoire, on arrivera seulement à classer les affirmations en suspectes d'erreur et non suspectes. Mais il y aura une catégorie de plus ; les cas où l'auteur a été dans des conditions telles qu'il ne *pouvait* rien savoir, parce qu'il n'avait aucun moyen d'atteindre le fait qu'il affirme. En ce cas on *sait* que son affirmation est sans valeur; c'est un résultat négatif, mais définitif.

II. — Pratiquement, sauf dans l'étude des doctrines, on n'a pas intérêt à faire séparément les deux critiques de sincérité et d'exactitude ; on n'a pas besoin de distinguer ce que l'auteur a cru, car on ne s'intéresse en rien à sa croyance ; l'auteur n'est qu'un intermédiaire pour arriver à savoir le fait extérieur qu'il peut avoir connu. Pour abréger, on a donc avantage à réunir en un seul le travail des deux critiques.

Il s'agit de savoir dans quelles conditions l'auteur a opéré, ou plutôt si l'auteur a opéré correctement, d'abord en observant le fait, puis en rédigeant le document, s'il ne s'est pas trompé et s'il n'a pas menti. C'est le problème le plus embarrassant de toute la critique. Nous ne connaissons pas vraiment les lois psychologiques du mensonge ou de la sincérité ; même en voyant opérer devant nous un homme, nous ne pouvons assurer, à l'entendre parler, s'il ment ou s'il est sincère ; or, nous n'avons pas même vu opérer l'auteur. — D'autre part, il est vrai que nous connaissons les lois de l'observation exacte, ce sont les règles des sciences d'observation. On peut même les formuler :

1° Regarder avec une attention soutenue en pensant à un fait bien délimité, d'une espèce déterminée d'avance, en étant averti d'avance qu'il va se produire, et en n'ayant plus qu'à noter le moment où il se produit ;

2° N'avoir aucun intérêt pratique au résultat, aucune idée préconçue sur le résultat ;

3° Noter le fait observé aussitôt qu'on l'a aperçu, et suivant un système précis de notation.

En voyant opérer un homme nous pouvons savoir s'il opère correctement, car nous voyons s'il applique les règles. Mais l'auteur du document nous ne l'avons pas vu opérer ; nous savons seulement qu'il n'a certainement pas opéré dans les conditions d'une correction complète, que quelques-unes de ses opérations doivent avoir été incorrectes. La question se pose donc ainsi : déterminer dans quelle mesure un auteur que nous n'avons pas vu opérer a opéré correctement, et quelles sont les opérations qui ont été incorrectes. Évidemment, la réponse ne peut être pleinement satisfaisante, on ne peut espérer qu'une solution relative. (On indiquera plus tard par quels expédients on peut tirer parti de ces solutions imparfaites.)

Voici quels moyens permettent de donner du moins une réponse utilisable en pratique.

D'abord on peut réunir les renseignements généraux sur les conditions générales dans lesquelles a opéré l'auteur ; soit qu'on possède des renseignements extérieurs fournis par la critique de provenance, soit qu'on se procure ces connaissances par l'analyse intrinsèque du document. On a donc à se poser plusieurs questions : L'auteur donne-t-il des renseignements sur les conditions où il opérait ? Sont-ils sincères ? Y a-t-il trace de la façon dont il a procédé ? Il s'agit surtout de chercher les conditions *générales* qui ont pu l'incliner à opérer incorrectement, à mentir, à affirmer légèrement, à se tromper. Il faut donc dresser un questionnaire général où seront prévus les motifs les plus puissants d'incorrection, ou par insincérité, ou par erreur. On se demandera : Quel intérêt, personnel ou collectif, l'auteur a-t-il eu à mentir ? Quels préjugés de sentiment ou de doctrine, quelles habitudes de langue, ont pu lui faire déformer la vérité ? A-t-il eu les éléments de connaissances nécessaires pour son travail ? Savait-il travailler ? A-t-il eu la possibilité d'observer les faits ? On doit répondre pour son compte à ces questions et s'assimiler les résultats de cet examen, car il faudra les avoir constamment présents à l'esprit pendant l'opération de critique.

Mais ce questionnaire ne mène pas loin. Car il faut pouvoir faire la critique non pas *en général* de l'auteur, ni même en général du document, mais *en particulier* de chacune des opérations d'esprit qui ont produit le document. Or, en pratique, ces conditions ne sont pas directement connues. Il ne reste donc qu'à les imaginer d'après la connaissance générale que nous avons des procédés habituels de l'esprit humain et de ses déformations habituelles. Mais il faut garder nettement conscience du caractère psychologique et par conséquent subjectif de cette pratique, afin de n'en jamais perdre de vue le caractère relatif et provisoire.

Sur chacune des opérations de l'auteur, représentées par une affirmation indépendante, on travaillera avec un questionnaire, qui pourra être d'abord écrit et conscient et qui bientôt deviendra instinctif.

Essayons d'abord de prévoir les cas où il est probable que l'auteur aura manqué de sincérité. Normalement il est plus commode de dire ce qu'on croit que de mentir ; mais il suffit, pour faire dévier un homme de la ligne naturelle de sincérité, de la moindre intention de produire sur le lecteur du document une impression que la vérité ne produirait pas. Il faut donc dresser la liste des intentions possibles, elle servira de questionnaire pour examiner la sincérité de chaque affirmation. Voici une énumération des intentions qui peuvent agir sur un auteur et par conséquent qui rendent son affirmation suspecte.

1° L'auteur a eu un but pratique ; il a voulu obtenir un résultat déterminé en donnant un renseignement faux ; toute affirmation *intéressée* est suspecte. On doit donc chercher quel *intérêt* l'auteur a pu avoir à présenter les faits d'une certaine façon. Il faut prévoir non seulement l'intérêt personnel, mais l'intérêt collectif qui n'est pas toujours facile à démêler, intérêt de parti, de secte, de corporation, de nation. Toutes les déclarations collectives, tous les documents officiels rentrent dans cette catégorie.

2° L'auteur a voulu rédiger un document authentique ; et il se trouvait dans des conditions, de lieu, de personnes, de moment, contraires aux règles prescrites pour rédiger ce document; il ne pouvait l'avouer, il a donc fallu qu'il mentît sur tous les points où il n'était pas en règle. C'est le cas de tout document authentique, d'ordinaire il est vrai dans presque toutes ses parties, et faux dans quelques-unes. La loi exige qu'un acte soit reçu par deux notaires ; le document dira : « Par-devant maître un tel et son collègue », et il n'y aura pourtant qu'un seul notaire. Si les délais prescrits par le règlement pour faire un acte sont passés, l'acte sera anti-daté, c'est-à-dire pourvu d'une date fausse. Si les assistants légalement nécessaires, sont absents, on les déclarera présents; nouveau mensonge. Les règles rigides imposées à ce genre d'actes sont, non, comme on le croit souvent, une garantie de sincérité, mais au contraire une chance de mensonge.

3° L'auteur a eu des sympathies ou des antipathies pour un individu, ou pour un groupe, ou pour certaines idées. Il faudra déterminer ces hommes, ces groupes, ces idées pour savoir précisément sur quelles affirmations auront agi ces sentiments.

4° L'auteur a été entraîné par une vanité individuelle ou collective. Il faudra déterminer l'espèce de vanité, car la vanité est très variable suivant les temps, les pays, les personnes; on peut mettre sa vanité à massacrer, à piller, à tromper; et il peut arriver qu'un homme, par vanité, se vante d'un meurtre qu'il n'a pas commis. Il faudra aussi reconnaître de quel groupe l'auteur se sent solidaire, et s'il est atteint de vanité nationale, corporative, ecclésiastique, etc.

5° L'auteur a été dans l'obligation de se conformer aux idées générales de son public, par crainte du blâme ou du scandale; ce qui l'a incliné à conformer ses affirmations aux idées courantes. Il faudra démêler ces convenances obligatoires qui varient d'une époque à l'autre et qui sont une cause puissante de déformation.

6° L'auteur avait des habitudes littéraires ; il a fait subir en partie, sans en avoir conscience, à ses affirmations une déformation dramatique, romanesque, lyrique, oratoire, pour produire plus d'impression sur ses lecteurs. Cette cause d'altération est très importante dans les documents historiques, narratifs ou descriptifs.

7° L'auteur a trouvé plus court d'inventer que de se renseigner, il a menti par simple paresse. C'est le vice habituel des statistiques, et en général des documents obtenus par réponses à un questionnaire. Vous dérangez un employé pour lui faire faire un travail qui ne l'intéresse pas, il vous répondra au hasard pour se débarrasser de vous. Voilà probablement la cause d'erreur la plus active dans les sciences sociales, où l'on opère surtout sur des documents rédigés par des fonctionnaires.

Ainsi sera dressée la liste des cas où le document risque d'induire en erreur par défaut de sincérité.

Une seconde liste comprendra les cas d'erreur venant de ce que l'auteur n'a pas opéré correctement. Ici il faut d'abord distinguer les cas où l'auteur n'a *pas pu* opérer correctement, car, s'il ne l'a pas pu, son affirmation n'est pas seulement suspecte, elle est nulle.

Voici le questionnaire des conditions qui rendent l'opération correcte impossible, ou très improbable. — Quelques-unes sont déjà prévues dans le questionnaire général sur les conditions générales où opérait l'auteur. Savait-il faire les opérations intellectuelles correctement ? Savait-il abstraire, raisonner, généraliser, calculer, observer ? Savait-il faire la critique, dans les cas où il opérait de seconde main avec des renseignements sur des faits qu'il n'avait pas observés lui-même ? Ou a-t-il au contraire montré une incapacité évidente par des erreurs fréquentes dans un de ces genres d'opérations ?

En outre pour chaque opération particulière il faut un questionnaire où sont prévues les conditions de l'opération et les chances ordinaires d'erreur. Et d'abord : L'auteur a-t-il opéré par un travail personnel ? Ou répète-t-il l'affirmation d'un autre ? A chacune de ces deux situations s'applique une série différente de questions.

1° Si l'auteur a opéré personnellement : Comment a-t-il entrepris son travail ? S'est-il mis au travail spontanément ou pour répondre à une question ? La distinction est très importante dans les sciences sociales, où l'on use beaucoup de l'enquête par questionnaires. On doit se demander si l'auteur ne répondait pas à une question qui lui suggérait la réponse ; ces réponses suggérées n'ont pas la même valeur qu'une déclaration spontanée.

2° L'auteur a-t-il opéré en faisant lui-même l'observation directe sur la réalité ? Ou par l'intermédiaire d'une opération intellectuelle. Dans le cas où il y a eu une opération on se demandera d'abord : Quelles données l'auteur pouvait-il avoir ? La valeur d'une opération dépend avant tout de la valeur des données sur lesquelles elle s'est faite ; elle ne donnera aucun résultat utile, si elle a au point de départ des données insuffisantes. C'est donc la question capitale, on ne saurait trop le rappeler à tous ceux qui ont à utiliser des statistiques ; ils sont trop portés à oublier qu'un tableau statistique n'est pas une observation directe, et à accepter les résultats du calcul sans même chercher à s'en représenter les données. Puis on se demandera quelle opération l'auteur a faite : A-t-il dû abstraire, généraliser, calculer? Et quelles chances avait-il d'opérer incorrectement? Il suffit, pour répondre à ces questions, de se représenter les opérations nécessaires pour arriver à un résultat analogue et les erreurs habituelles à chacune de ces opérations.

3° Si l'auteur a opéré par observation directe, n'y a-t-il pas eu entre lui et l'objet à observer une cause d'erreur personnelle? L'hallucination est rare et on n'a guère à la prévoir, surtout en sciences sociales. Mais l'illusion est fréquente, elle provient de l'habitude de voir les choses se passer d'une certaine façon. Si les choses viennent à se passer autrement ou si l'on est transporté dans un autre milieu, on continue à voir ce qu'on est habitué à voir. Souvent même on n'observe pas réellement, on admet d'avance sans regarder ce qu'on croit *a priori* devoir se produire. C'est l'action du préjugé; une opinion préconçue sur un fait empêche d'apercevoir ce fait tel qu'il se présente.

4° En supposant que l'auteur a vraiment observé, a-t-il été dans des conditions favorables pour observer, placé de façon à bien voir, libre de préoccupation et d'opinion préconçue ? A-t-il noté son observation aussitôt et l'a-t-il notée avec précision ? Ou bien a-t-il été dans les conditions inverses et par conséquent défavorables ? Ou même a-t-il été hors d'état d'observer.

Si l'auteur n'a pas opéré personnellement, c'est qu'il reproduit l'affirmation d'un autre. C'est le cas habituel, la plupart des affirmations contenues dans un document sont de seconde main, — quand elles ne sont pas de troisième. — Logiquement il faudrait remonter à la source, rechercher dans quelles conditions a opéré l'auteur primitif, celui qui a lui-même *observé* le fait : et il faudrait s'assurer s'il a opéré correctement. Mais en pratique on n'a presque jamais les renseignements nécessaires à cette recherche. Tout ce qu'on peut atteindre, quelquefois, c'est le procédé de transmission par lequel l'auteur du document a reçu son affirmation. On peut reconnaître si elle lui vient par voie orale ou par voie écrite. En principe la transmission orale perd toute valeur lorsqu'elle a traversé plusieurs intermédiaires ; elle devient la légende. Les historiens n'ont pas encore renoncé à la manipuler pour en tirer des parcelles de vérité. Mais il n'est pas nécessaire ici de discuter ce procédé, personne en science sociale n'aura l'idée d'en faire usage. — Si la transmission est écrite il faut savoir quelle est son origine et ce que valaient les écrits par lesquels elle s'est faite.

En appliquant ce questionnaire on arrive à classer toutes les affirmations en trois catégories : impossibles, suspectes, non suspectes. On verra plus loin quel parti on peut tirer de ce classement.

CHAPITRE VI

EMPLOI DES FAITS CRITIQUÉS

I. *Difficulté d'établir les faits.* — Solution pratique.

II. *Faits plus probables* — Cas où le mensonge est difficile. — Cas où l'erreur est difficile. — Cas où l'affirmation exceptionnelle est une présomption de vérité.

III. *Concordance entre des observations indépendantes.* — Conditions pour que la concordance soit concluante. — Procédés pour établir l'indépendance des affirmations, critique de sources. — Comparaison des observations indépendantes.

I. — L'étude des précautions nécessaires pour faire la critique d'un document nous a menés à des conclusions peu rassurantes. On ne peut procéder que par une *analyse* minutieuse poussée jusqu'à l'affirmation élémentaire. Sur chacune de ces affirmations on ne peut opérer qu'*indirectement* et l'on n'a pas de moyen pour en déterminer exactement la valeur. Les seuls résultats fermes sont *négatifs;* ils avertissent qu'on ne peut rien tirer du document, ils détruisent de pseudo-documents, ils empêchent de puiser à une source contaminée, mais ils ne fournissent rien. Tous les résultats positifs restent *relatifs*, ils se formulent ainsi : « Il y a des *chances* que telle opération ait été mal faite et que l'affirmation soit sans valeur », ou

« On n'aperçoit pas de chance d'altération ». Ce résultat toujours vague est même *douteux*, car il reste une part d'appréciation subjective, qui tient à notre ignorance ou à notre connaissance imparfaite des conditions de travail de l'auteur.

En outre nous ne sommes sûrs, ni que l'auteur placé dans de mauvaises conditions aura menti ou mal observé, ni de l'inverse. L'expérience nous montre qu'il y a des hommes qui opèrent autrement que la normale, et il peut y avoir des conditions inconnues de nous qui ont agi en sens inverse de celles que nous connaissons. L'impression première de cette enquête est donc qu'on ne peut atteindre aucune vérité par la méthode historique.

En fait cependant, cette méthode a permis de déterminer des faits incontestés. Personne n'a jamais douté de l'existence de l'esclavage dans l'antiquité et du servage au moyen âge. Il y a donc des cas où l'on peut arriver à la vérité en partant des résultats de la critique historique.

II. — Les conditions qui permettent de tirer parti des affirmations d'un document sont de deux sortes : elles tiennent soit à la nature même de l'affirmation, soit au rapport entre plusieurs affirmations.

La nature des affirmations fait une différence

très considérable. Il y a des faits très faciles, d'autres très difficiles à établir. Suivant l'espèce de faits sur lesquels porte une affirmation, cette affirmation est très probable ou très douteuse.

Ce qu'on appelle un *fait*, soit dans le langage vulgaire, soit même en science, c'est une affirmation, un jugement qui réunit ensemble plusieurs impressions en affirmant qu'elles correspondent à une réalité extérieure. Or il y a, suivant les différentes espèces de faits, une différence énorme de difficulté entre les opérations par lesquelles on aboutit à une affirmation exacte et sincère. Sur cette différence est établie une partie des conclusions positives en matière historique.

En général (on l'a vu plus haut) il y a bien des tentations de mensonge, bien des chances d'erreur ; et cela rend *à priori* bien douteux qu'une affirmation ait échappé à toutes ces tentations et à toutes ces chances. Mais il y a aussi des conditions qui rendent le mensonge si inutile, ou l'erreur si difficile, que tous deux deviennent très improbables. On en peut distinguer trois catégories.

1° Il y a des conditions qui rendent le mensonge improbable. L'homme altère la vérité pour produire une impression ; il faut donc pour qu'il essaie de mentir, qu'il croie possible de produire cette impression et qu'il juge avantageux de la produire. Ainsi il y aura trois espèces de cas où le mensonge sera improbable.

1er *cas.* — Quand l'affirmation va en sens inverse de l'effet que l'auteur voudrait produire, quand elle est contraire à son intérêt, à sa passion ou à sa vanité individuelle ou collective ou à ses goûts littéraires, ou à l'opinion qu'il cherche à ménager, la sincérité devient très probable. Mais ce critérium est délicat à manier ; car il implique qu'on sait exactement l'impression que l'auteur a voulu produire, ce qu'il a regardé comme son intérêt dominant, ce qui a été sa passion, sa vanité dominante, son goût ou le goût de son public. Le danger est d'admettre que ses sentiments ont été semblables aux nôtres. Ce critérium, dont les historiens sont très fiers, leur a fait souvent commettre des erreurs. On croit volontiers comme on dit « un témoin qui s'accuse lui-même », — Charles IX se vantant d'avoir préparé la Saint-Barthélemy ; — sans prendre garde que l'auteur peut avoir mis sa vanité à s'attribuer ce que nous regardons comme un crime.

2e *cas.* — On peut présumer la sincérité, quand l'auteur, s'il a été tenté de mentir, a dû être arrêté par la certitude que son public verrait le mensonge et qu'il manquerait son effet. Cela arrive pratiquement dans deux cas. — 1° Ou l'auteur a écrit pour un public difficile à tromper, un public qui a soit un intérêt pratique à contrôler les dires de l'auteur, soit l'habitude de ne pas se laisser tromper ; c'est aussi un critérium délicat, car on ne sait pas d'ordinaire exactement quelle idée l'auteur s'est faite de son public et il peut l'avoir imaginé plus crédule qu'il n'était. 2° Ou bien l'auteur a vu avec une évidence irrésistible qu'une affirmation mensongère serait trop facile à contrôler, que le fait est trop connu, ou trop facile à vérifier. Ce critérium, beaucoup plus pratique, permet de réserver comme probablement sincères les affirmations qui portent sur les faits énormes, matériels, durables, et tout à fait proches, — à condition de prendre garde au niveau d'intelligence de l'auteur du document, car si ce niveau était très bas, le critérium ne s'appliquerait plus.

3e *cas.* — Il y a des cas où l'auteur dira la vérité parce qu'il aura eu besoin de ne pas mentir, parce qu'il s'agit d'affirmations secondaires étrangères au but qui exige un mensonge, destinées au contraire à fortifier l'affirmation mensongère en lui donnant de la vraisemblance ; c'est ainsi que dans un acte où la déclaration principale est fausse, les détails accessoires sont sincères, et d'autant plus sincères qu'ils doivent servir à masquer la partie fausse.

On arrive ainsi à dégager de l'ensemble d'un document quelques affirmations très problablement sincères.

2° Il y a également des conditions qui rendent l'erreur improbable. Sans doute l'observation scientifique est difficile, et les conditions d'une observation correcte ne sont jamais réalisées par les auteurs de documents; en outre, la plupart des affirmations de documents ne viennent même pas directement de l'observateur, elles viennent par intermédiaires, d'un autre observateur anonyme ; c'est un fait observé et rédigé on ne sait par qui, dans des conditions inconnues. Dans les sciences constituées, telles que la physiologie, on ne ferait aucun usage d'un renseignement qui se présenterait ainsi ; or l'histoire n'en a pas d'autres. Mais par contre on doit tenir compte de la différence entre les faits qu'il s'agit d'atteindre dans les sciences objectives et les faits qui constituent les sciences sociales. Une science comme la physique ou la physiologie cherche à constater des mouvements rapides, difficiles à observer ou à déterminer, des quantités très petites, mesurées exactement. Les sciences sociales portent sur des faits beaucoup plus grossiers, qui exigent des observations beaucoup moins précises; elles ont à constater l'*existence* d'objets, d'individus, de groupes, ou d'usages qui durent des années ou même des siècles, — le tout constaté en termes de la langue vulgaire ou par de simples dénombrements, sans mesure précise. Elles peuvent donc se contenter d'observations beaucoup plus mal faites. Car ce qu'elles cherchent, ce sont des phénomènes d'ensemble, superficiels et grossièrement définis : le nombre et la proportion des habitants ou des objets, — des catégories grossièrement établies (sexe, âge, illettrés, ouvriers, cultivateurs), — des institutions sociales, ou économiques, — presque tous faits très faciles à constater. Ainsi les documents sont tous grossiers, mais les faits qu'on a besoin de recueillir le sont encore davantage. En science sociale on ne cherche que des approximations; on peut donc parmi ces faits mal observés distinguer ceux qui sont tellement grossiers qu'il est presque impossible de mal les observer. Voici les principales espèces de faits de ce genre.

a. Les faits qui ont duré longtemps et qu'on a dû voir ou entendre mentionner souvent ; tels que l'existence d'un homme ou d'un objet, — les actes qui se renouvellent fréquemment (usages, institutions, pratiques), — les lois, règlements, conventions, tarifs, — les événements de longue durée (crises, épidémies, révolutions).

b. Les faits faciles à observer parce qu'ils sont très étendus en espace ; tels qu'un groupe nombreux (peuple, société), un acte ou un état collectif (loi, usage, institution) applicable à un grand territoire.

c. Les faits faciles à établir parce que l'affirmation reste en termes approximatifs et qu'une observation très superficielle suffit à les constater ; tels que l'existence d'une institution en gros sans préciser les détails, ou la quantité exprimée par un mot très vague (par exemple « pays désert », ou « population très dense »).

Ainsi, en se contentant de peu, on arrive à dégager de documents très médiocres des affirmations très probablement exactes. On remarquera qu'*exact* est en ce cas le contraire de *précis* : plus une affirmation devient précise, plus les chances d'erreur augmentent, plus la probabilité d'exactitude diminue. L'affirmation a d'autant plus de chances d'être exacte qu'elle reste vague ; plus elle se précise, plus elle court risque de devenir inexacte.

3° Il y a enfin dans quelques cas des conditions qui rendent l'exactitude probable, ce sont celles qui impliquent une contradiction entre l'affirmation du document et les habitudes d'esprit de l'auteur. Si un homme affirme avoir *observé* un fait tout à fait inattendu pour lui et contraire à toutes ses notions sur le monde, une parole qu'il ne comprend pas, un fait qui lui paraît absurde, en ce cas la chance d'erreur est très faible. Car pour lui faire accepter cette notion nouvelle contraire à toutes ses autres notions, il a fallu une forte raison extérieure, et cette raison ne peut guère être qu'une perception exacte. Un exemple frappant est celui des bolides et des aérolithes décrits à une époque où on ignorait ces phénomènes. Donc tout fait signalé comme très invraisemblable par celui qui le recueille a par là même une valeur exceptionnelle. Mais c'est un critérium difficile à manier ; le danger est de se figurer la contradiction d'après notre propre esprit. Il faut prendre garde que le fait rapporté comme invraisemblable doit être en contradiction avec les idées de l'auteur, non avec les nôtres. Les gens qui croient au miracle ou au merveilleux voient facilement des miracles ou des apparitions, cela n'est pas contradictoire avec leurs notions et ne peut pas être considéré comme une présomption d'observation exacte.

III. — L'analyse permet donc de mettre à part tout un groupe d'affirmations grossières ou indifférentes, et comme telles beaucoup moins suspectes ; elle rend par conséquent possible de réunir, sur les phénomènes sociaux durables et étendus, beaucoup de renseignements très probables, qu'on peut utiliser dans les sciences sociales.

Pris isolément, chacun de ces renseignements resterait à cet état probable; on n'aurait pas le droit de le considérer comme une proposition *scientifique*, c'est-à-dire une affirmation indiscutable. Comment peut-on atteindre des propositions de ce genre? Nous sommes arrivés ici sur le terrain de l'observation, il ne nous reste plus qu'à employer le procédé normal de toute science d'observation.

Le principe commun à toute science, c'est qu'on ne peut pas arriver à une conclusion scientifique par une observation unique. Toute observation doit être répétée pour qu'on ait le droit de conclure. Il en doit être exactement de même en matière de document.

Le procédé pour arriver à une conclusion consiste donc à rapprocher plusieurs observations sur le même fait pour voir si elles concordent. Quand elles ne concordent pas, il est certain que l'une d'elles est fausse. Si elles concordent, la concordance ne peut provenir que de deux causes : ou toutes sont fausses et elles se rencontrent par hasard, ou elles sont concordantes entre elles parce qu'elles concordent toutes avec la réalité.

Or il y a beaucoup de façons de se tromper, par suite beaucoup d'erreurs possibles sur un fait; il n'y a qu'une seule façon de voir exactement, par suite qu'une seule affirmation exacte possible. Il est donc très improbable que des observateurs opérant indépendamment l'un de l'autre commettent exactement la même erreur, et cet accord accidentel devient de plus en plus improbable, à mesure que le nombre d'observations augmente. Il n'y a pas de raison pour que des observations différentes qui ne sont pas liées à la réalité se ressemblent entre elles. Cette ressemblance ne pourrait être produite que par le hasard et le même hasard ne se renouvelle pas un grand nombre de fois de suite. C'est là une application du calcul des probabilités. Si des observations indépendantes se ressemblent, c'est qu'elles sont reliées entre elles par un intermédiaire, et cet intermédiaire ne peut être que la réalité qui a été leur fondement commun ; si elles ont entre elles un lien de ressemblance c'est que chacune d'elles est liée à une même réalité.

Tel est le principe fondamental dans toutes les sciences d'observation; le seul principe qu'on puisse employer tant qu'on n'arrive pas à produire le phénomène et à le faire varier, c'est-à-dire à opérer par expérimentation. C'est un principe empirique qui peut se formuler ainsi : Les erreurs d'observation personnelle ne se rencontrent pas, elles divergent ; seules les observations exactes concordent entre elles.

Pour appliquer ce principe aux renseignements tirés des documents il faut sur le même fait réunir plusieurs affirmations concordantes. Il faut donc classer les résultats de l'analyse critique en réunissant ensemble les affirmations relatives au même fait.

On commence par réunir ces affirmations; puis on les compare, en tenant compte des notes de défaveur ou de faveur que la critique a permis d'attacher à chacune d'elles. S'il y a désaccord entre les affirmations extraites de deux ou plusieurs documents, presque toujours un de ces documents était déjà suspect pour des motifs de critique; le désaccord ne fait que confirmer la défiance à l'égard de ce document suspect. Ou si cette défiance ne s'était pas encore produite, il rend le service de la faire naître.

Mais pour procéder méthodiquement il faut deux opérations distinctes : 1° S'assurer de combien d'observations réelles on dispose, c'est-à-dire combien on a d'affirmations *indépendantes*. 2° Rapprocher les observations pour arriver à la conclusion définitive.

1° La tendance naturelle est de procéder comme si chaque document constituait une observation. On possède sur un même fait dix documents (on a par exemple le récit d'une réunion de syndicat dans dix journaux différents), on s'imagine avoir dix observations. Or il arrive le plus souvent qu'un document reproduit un autre document, ou pour parler plus exactement, qu'une affirmation ne fait que reproduire une autre affirmation ; de sorte que plusieurs documents reproduisent la même affirmation. Mais comme on se trouve en présence de documents rédigés par des auteurs différents, on subit l'illusion de plusieurs affirmations différentes ; de là la tendance à les compter comme autant d'observations. Plusieurs journaux reproduisent le même récit ; les reporters de différents journaux se sont entendus, un seul d'entre eux est allé assister à la séance, il a rédigé un compte rendu, les autres l'ont copié, chacun dans son journal. On possède alors plusieurs documents. A-t-on autant d'observations ? Evidemment non ; les dix journaux ne représentent tous qu'une seule observation. Les compter pour dix, ce serait opérer comme si on comptait pour un document chacun des exemplaires d'un même livre imprimé. On ne devra compter que les observations *indépendantes* sur un même fait. Il faut donc commencer par établir la relation entre les documents qui ont l'air différents, pour déterminer ceux qui réellement ont chacun pour origine une observation indépendante, et ceux qui au contraire ont pour origine commune une même observation. Dans la langue technique cette origine des documents s'appelle *source*.

La *critique de sources*, qui étudie les origines des documents, donne souvent des révélations inattendues ; elle constitue une partie importante de la technique historique[1]. Le principe en est très simple. Quand deux affirmations sont identiques, elles se ressemblent trop pour venir de deux observations différentes, car l'expérience montre que deux observateurs opérant séparément n'arrivent *jamais* à des conclusions formulées dans les mêmes termes. Si donc deux affirmations sont pareilles dans la *forme*, c'est qu'elles sont copiées l'une sur l'autre ou toutes deux copiées sur une troisième ; en tout cas elles ne doivent compter que pour une seule. Mais la pratique soulève des difficultés dans deux cas. *a)* L'auteur qui a reproduit l'affirmation d'un autre cherche à dissimuler son emprunt, il modifie exprès la forme pour dérouter son public, comme fait un écolier qui a copié son devoir sur un voisin. Il faut chercher alors dans le fond même des faits, examiner surtout l'ordre et la liaison des faits ; l'identité du fond et des rapports établis entre les faits suffit entièrement pour prouver la dépendance, car jamais deux observateurs indépendants ne présentent les faits dans le même ordre ni ne leur attribuent les mêmes rapports. *b)* L'auteur

(1) Voy. Langlois et Seignobos. *Introduction aux études historiques*, p. 79.

a pris à la fois, c'est-à-dire alternativement, dans deux ou plusieurs documents. En ce cas, le travail est plus compliqué; il faut comparer son récit avec plusieurs autres. Ce travail, qui tient tant de place dans l'étude des sources antiques et du moyen âge, n'est pas moins nécessaire pour les documents contemporains, rapports, enquêtes, tableaux, statistiques. Il est tellement tentant de reproduire une observation déjà faite, plutôt que de se donner la peine d'en faire une nouvelle, qu'on doit toujours se demander quand on possède deux documents sur le même fait s'ils ne sont pas simplement la reproduction l'un de l'autre. Souvent même on peut s'assurer qu'il ne restait qu'une seule source, un seul observateur direct auquel il était commode de s'adresser ; on est sûr alors que c'est une observation unique qui a servi à rédiger les documents de rédacteurs très différents. Il en est souvent ainsi pour un chiffre de statistique qui, une fois introduit dans une œuvre connue, passe d'un auteur à l'autre et finit par se trouver reproduit dans un si grand nombre d'ouvrages que personne ne songe plus à le contester.

Cette critique de sources ne donnera qu'un résultat négatif, empêcher d'être dupe de fausses observations indépendantes, et permettre de ne conserver que celles qui sont vraiment indépendantes.

2° La seconde opération consistera à rapprocher les observations reconnues indépendantes, afin de voir si, étant suffisamment différentes pour être indépendantes, elles sont assez ressemblantes pour permettre de tirer une conclusion de leur ressemblance. En histoire, comme en toute science, la vérité se trouve au point de croisement de plusieurs voies de recherches suivies chacune par un observateur différent.

On procédera en se posant une série de questions méthodiques : 1° Avons-nous plusieurs observations du même fait ? 2° Sur quelles parties du fait concordent-elles ? 3° Comment les faits sur lesquels nous ne possédons qu'une seule observation concordent-ils entre eux ? Ici on sort de la question de la critique des documents pour passer sur le terrain de la construction de la science.

CHAPITRE VII

GROUPEMENT DES FAITS

I. *Conditions du groupement des faits.* — État des faits tirés des documents ; différences de degré, de nature, de probabilité. — II. *Groupement provisoire.* — Monographies, répertoires. III. *Nature des faits à grouper.* — Faits généraux ou individuels, faits certains ou douteux. — Existences, actes humains, motifs.

Nous voici arrivés à la deuxième partie du travail historique, à la construction. Par quels procédés peut-on grouper les faits tirés des documents, de façon à construire une science, c'est-à-dire un ensemble méthodique ? Comment la méthode historique s'applique-t-elle à la construction de la science sociale?

I. — Pour construire une science, il faut partir non de notre idéal, de la science que nous désirerions constituer, mais de la réalité, des matériaux dont nous pouvons disposer. Il serait chimérique de se proposer un plan que les matériaux ne se prêteraient pas à réaliser, on ne construira pas une Tour Eiffel avec des moellons. C'est là une nécessité pratique qu'oublient les philosophes quand ils veulent construire une science sociale avec une méthode métaphysique ou en imitant le plan des sciences biologiques, sans tenir compte de la différence des matériaux.

La première question sera donc : De quels matériaux disposent les sciences sociales? Presque tous sont — par suite de nécessités pratiques — tirés non de l'observation directe, mais de documents, de matériaux historiques semblables à ceux qu'emploie l'histoire contemporaine. Quelle est la nature de ces matériaux? En quoi diffèrent-ils des matériaux des autres sciences?

D'abord ils proviennent forcément de l'analyse d'un document. Ils nous arrivent donc dans l'état où l'analyse nous les livre, hachés par cette analyse en affirmations élémentaires[1] ; car dans un document il y a des milliers d'affirmations et même dans la plupart des affirmations dont se compose une simple phrase, il y a plusieurs affirmations élémentaires ; souvent on accepte l'une, on rejette l'autre. Chacune de ces affirmations constitue un *fait*. Mais ces faits sont d'espèces très différentes.

1° Ils sont à des degrés de généralité très différents. Dans une statistique par exemple, on aura des cas individuels, des additions partielles, des totaux généraux. Dans une description on aura côte à côte

(1) Voir plus haut p. 42.

un cas individuel unique et un résumé sur l'ensemble d'une institution.

2° Ils se rapportent à des objets de nature très différente. L'auteur du document, en présentant les faits, n'a pas eu la même préoccupation que le classificateur aura en les étudiant. Il n'a eu aucune raison pour les présenter dans l'ordre où le constructeur aura besoin de les mettre. Les faits arrivent donc toujours dans un pêle-mêle, — plus grand sans doute pour l'historien parce qu'il cherche des faits plus variés (faits de langue, conceptions, croyances, sentiments, institutions) — mais très grand encore même dans les sciences sociales. Bien que systématiquement on écarte la plus grande partie des faits pour se renfermer dans les faits sociaux, il en reste encore d'assez variés pour produire une confusion beaucoup plus grande qu'en aucune science expérimentale. Dans les sciences d'observation directe on *choisit* les faits qu'on veut observer; dans les sciences documentaires on les *reçoit* de la main d'un autre ; avant de s'en servir, il faut donc les trier.

3° Les faits extraits des documents arrivent chacun avec une étiquette critique (fait suspect, fait très probable, fait douteux, etc.), qui pratiquement varie depuis une simple indication de faveur ou de défaveur jusqu'à la quasi-certitude de la fausseté ou de la vérité; le renseignement est si important qu'on est obligé de conserver cette étiquette.

Tous ces faits disparates, il faut commencer par les réunir avant de pouvoir préparer le rapprochement avec d'autres faits qui permettra une conclusion définitive. Dans les autres sciences aussi, il faut attendre pour conclure d'avoir réuni plusieurs observations sur un même fait; mais dans les sciences expérimentales, on peut refaire aussitôt d'autres observations avant de publier. En matière historique, où l'on dépend du hasard des documents, on commence par avoir d'abord des cas uniques, comparables aux cas cliniques qui s'entassent dans les revues de médecine avant qu'on en puisse tirer aucune conclusion.

Ainsi on trouve d'abord devant soi une masse incohérente de menus faits, une poussière de connaissances de détail, un nombre énorme d'affirmations de valeur très différente, sur des faits d'espèces très différentes, à des degrés de généralité très différents. En science sociale ce sont : 1° des données statistiques sur des êtres ou des objets différents, de différente valeur suivant l'intelligence ou l'honnêteté de l'opérateur, à des degrés de généralité divers, les unes portant sur un seul individu, d'autres sur un groupe, d'autres prenant la forme d'un tableau d'ensemble, soit à un moment unique, soit à des moments différents ; 2° des descriptions d'usages ou d'institutions ou de conditions matérielles, descriptions d'un détail ou d'un ensemble, d'un petit groupe local ou de groupes régionaux ou d'une même nation ou du monde entier, toutes d'exactitude très variable ; 3° des règlements d'institutions, locaux, généraux, nationaux, les uns appliqués si exactement qu'ils ont la valeur d'une description de faits réels, d'autres purement nominaux, d'autres en partie appliqués en partie restant lettre-morte.

II. — Pour se reconnaître dans ce pêle-mêle, il faut unclassement ; il faut trier les faits extraits des documents de façon à les classer d'après un même principe. Mais la confusion est si grande, le tràvail est si compliqué qu'en pratique il ne peut guère se faire par une seule opération. Dans toutes les sciences documentaires on est amené à une division du travail. — Un premier classement, pratique et provisoire, sert à débrouiller les faits et à mettre ensemble les faits de même nature, il aboutit à un répertoire ou à une monographie. — Un deuxième classement, scientifique et définitif, part de ce recueil provisoire (répertoire ou monographie) pour tâcher de saisir les rapports réguliers, d'abord entre les faits de même nature, puis entre les groupes de différente nature. Ces deux opérations tendent même à se partager entre les deux espèces de travailleurs ; les érudits et les spécialistes, qui aiment surtout le contact direct avec le document brut, préfèrent se limiter au classement provisoire ; le classement définitif reste abandonné aux hommes d'esprit généralisateur, qui sont souvent des professeurs ou des hommes politiques.

Le classement provisoire prend surtout deux formes, la monographie et le répertoire.

La forme la plus simple, la *monographie*, repose sur un principe que la plupart des travailleurs appliquent spontanément. On recueille ensemble les faits de même nature qui se rapportent à un groupe de faits limité étroitement dans l'espace et dans le temps. On fait par exemple la monographie des recettes et dépenses d'une famille, la monographie des syndicats d'un métier dans une ville, pendant une année ou une courte période. Une autre forme de monographie est le tableau de statistique détaillé, divisé en colonnes, où les faits sont à la fois analysés et dénombrés, par exemple la statistique analytique de la population d'une ville. Les limites étant étroites il devient possible de recueillir tous les faits *connus* sur un même sujet. Et c'est un grand attrait pour beaucoup d'esprits, leur plaisir étant non de savoir beaucoup, mais de savoir *plus que personne* au monde ; sur un sujet donné il leur est agréable de recueillir *tout* ce qu'on sait, de faire une collection *complète* ; c'est l'idéal du collectionneur.

Les limites de ces monographies sont fixées par le collectionneur, d'ordinaire pour des raisons pratiques ; elles embrassent les faits qu'il pouvait atteindre complètement. Le cadre est donc très différent, suivant la quantité de documents dont on dispose ; quand il y en a peu, on tend à étendre la monographie sur un groupe d'hommes plus nombreux ou sur un temps plus long. Les monographies sur le moyen âge ont des sujets plus vastes que celles qui traitent des phénomènes contemporains.

La raison d'être de la monographie, c'est de permettre de dominer tous les faits qui se sont produits dans un champ donné. Elle comporte d'abord le groupement des faits de même nature ; mais rien n'empêche en outre de réunir dans une même monographie plusieurs groupes de faits de plusieurs natures qui ont ce caractère commun de s'être produits dans le même champ. C'est souvent même une pratique très avantageuse, mais à condition de répartir en sections distinctes les faits de natures différentes.

La monographie, quand elle est faite au moyen de documents, doit conserver l'indication de provenance de chaque fait ; c'est une précaution qui malheureusement est souvent négligée. Il arrive aux spécialistes d'oublier que leurs lecteurs ont le droit de leur demander leurs sources; et ceux qui ont travaillé sur des documents inédits sont souvent les plus négligents; faute d'avoir adopté un système méthodique de renvoi à leurs sources, ils se dispensent parfois de toute référence et se conduisent comme s'ils donnaient le résultat d'observations directes.

Le *répertoire* n'est qu'un recueil de monographies, souvent œuvres d'auteurs différents, réunies en un même ouvrage, d'ordinaire sous une direction unique. Mais ce sont de préférence des monographies sommaires, et souvent des résumés de monographies antérieures publiées séparément. Le répertoire est une nécessité pratique pour toute science qui a besoin de réunir un grand nombre de faits particuliers; il sert à rassembler les monographies éparses, à les condenser, à supprimer les doubles emplois, à faire apercevoir les lacunes et même à les combler. Il doit être aménagé suivant des raisons pratiques, car son but est surtout de rendre les recherches rapides et sûres. Très souvent le seul ordre pratique est l'ordre alphabétique, celui des dictionnaires. Il ne faut pas mépriser les répertoires alphabétiques; ils ne sont pas encore la science, mais ils sont la condition pratique de la science. En statistique les faits se résument en tableaux et en graphiques qu'on est obligé de ranger un peu arbitrairement en séries, l'ordre est alors indiqué par un index.

En pratique c'est dans les monographies et les répertoires qu'on va chercher les faits qui servent à construire la science définitive, c'est-à-dire à trouver des rapports permanents entre les faits. Il est bien entendu que pour se servir des recueils ou des monographies, il faut leur appliquer les mêmes règles qu'aux documents, et commencer par en faire la critique. Mais, au lieu d'une critique analytique, on peut s'en tenir à une critique générale pour constater la façon dont l'auteur a utilisé les documents; ce sera court, car si le travail est correctement fait l'auteur aura donné l'indication de ses sources et on aura vite fait de voir ce que valent ses matériaux et comment il les a mis en œuvre.

III. — Il est toujours possible de faire un groupement provisoire des faits. Mais avant d'essayer une construction scientifique, il faut s'assurer si elle est possible; ce qui oblige d'abord à se rendre compte de la nature des faits à grouper.

On peut grouper les faits en catégories suivant deux systèmes: 1° suivant le degré de généralité sous lequel ils se présentent à nous, 2° suivant l'espèce d'affirmation par laquelle ils nous sont connus.

1° Suivant le degré de généralité il y a des faits individuels, des faits particuliers à un groupe, des faits généraux. Les sciences sociales n'étudient pas d'ordinaire les faits purement individuels; elles ne cherchent pas ce que tel homme a fait à tel moment, elles ne s'intéressent qu'à des groupes et quand elles recueillent un fait individuel — comme il arrive par exemple dans un recensement — c'est seulement comme un élément destiné à entrer dans un total, à moins qu'il ne s'agisse de faits historiques (par exemple la chute de Bismarck) qui ont eu une réaction considérable sur la vie sociale ; et en ce cas elles se bornent à prendre le fait sans en étudier les détails. Le domaine des sciences sociales c'est l'étude des faits communs à tout un groupe.

2° Suivant l'espèce d'affirmation il y a des faits établis par une concordance suffisante entre les affirmations, d'autres probables mais non certains. Pratiquement, les seuls faits certains en sciences sociales sont ou des faits sociaux conventionnels connus par des documents officiels ou des faits matériels vagues connus par des descriptions; car, aussitôt qu'on veut préciser par des chiffres, la certitude cesse. — Les faits conventionnels ont la forme de règlements, d'ordres ou de lois, c'est-à-dire d'actes officiels; or toute rédaction officielle implique un accord entre les gens qui rédigent le document, mais un accord purement subjectif sur les règles à énoncer ; elle ne donne pas la preuve que ces règles correspondent à aucun fait réel extérieur. Un règlement inappliqué reste un phénomène purement psychologique, une simple convention ; il ne devient pas une réalité sociale extérieure. — Les faits vagues sont les descriptions et les approximations obtenues en additionnant des chiffres faciles à constater, par conséquent grossièrement approximatifs. Encore faudrait-il, pour être certain qu'il n'y a pas eu erreur dans les calculs, pouvoir comparer le résultat de deux additions indépendantes et c'est un cas rare. On peut donc admettre qu'on n'aura guère en science sociale à opérer que sur des faits seulement probables. Il s'agira donc de grouper ces faits probables de façon à les confirmer les uns par les autres, pour arriver par groupements successifs jusqu'à la certitude.

Il est nécessaire sans doute de tenir compte ici de cette façon différente de connaître les faits, de se rappeler s'ils sont plus ou moins généraux, et s'ils sont plus ou moins probables, puisque nous ne pouvons opérer qu'avec nos connaissances conditionnées par l'infirmité de nos moyens. Mais la différence la plus importante tient à la *nature* des faits eux-mêmes. Il est évident que tout classement scientifique devra se faire, non d'après le rapport de connaissance entre nous et les faits, qui est un rapport fortuit, mais d'après les rapports de nature entre les différents objets eux-mêmes, qui sont des rapports constants.

Les objets, ceux du moins que nous pouvons atteindre, peuvent, d'après leur nature, se grouper en trois catégories; il est utile de s'en rendre compte, puisque ce sont les seules espèces d'objets avec lesquelles nous puissions faire notre construction. Ce sont les mêmes objets qu'on atteint indirectement par les documents, directement par l'observation.

a. Existence d'êtres matériels, directement observables. — Il y en a deux espèces : les corps humains, objets de la science sociale en tant qu'ils sont la condition des vies humaines ; les objets matériels, objets de la science sociale en tant qu'ils sont en rapport avec des hommes. Dans les corps humains la science sociale ne considère que le nombre et des caractères très apparents, âge, sexe, maladie, accidents, etc. Les objets matériels sont très variés. Ce sont les animaux appropriés à l'usage de l'homme (les animaux sauvages restent en dehors du domaine des sciences sociales) — les étendues matérielles de terre ou d'eaux cultivées, ou aménagées, ou utilisées (les déserts, les océans, les glaces restent en dehors), — les produits d'activité humaine, maisons, cultures, canaux, outils et ateliers, chemins, matériels de transports, navires, marchandises, mobiliers, monnaies, etc. Pour tous ces objets (corps humains, animaux, surfaces, produits), on peut essayer de connaître leur existence, leur position dans la géographie et la chronologie, et quelques-uns de leurs caractères les plus apparents. Ces caractères, trop superficiels d'ordinaire pour faire pénétrer dans la nature intime des objets, permettent du moins de les répartir en groupes et sous-groupes, de les dénombrer, et d'en suivre les déplacements numériques (accroissements, diminution de nombre, changement de place). Il n'est pas nécessaire, par exemple, de connaître l'anatomie d'un mouton pour le faire entrer dans la catégorie des moutons du département de l'Aube et lui donner sa place dans un dénombrement de la race ovine. Ainsi on parvient à atteindre les phénomènes abstraits de l'existence, du nombre et de l'emplacement des objets, sans avoir besoin de pouvoir les expliquer, c'est-à-dire les rapporter à une cause.

b. Actes humains. — Ces actes sont toujours passés, on ne peut plus les observer. Mais on sait quels actes ont été nécessaires pour créer les produits humains ou pour les transporter; on peut donc, quand on connaît l'existence, l'origine et la place actuelle de ces produits, retrouver les actes d'industrie et de transport qu'ils ont subis. — En outre — et c'est le principal moyen de connaissance — il y a des actes que les auteurs de documents ont pu observer (des actes ou des paroles ou des écrits) ; par exemple un suicide, une arrestation, une exécution, une grève, un marché, un transport, une réunion de constitution d'une société, une réunion de discussion, un discours, un règlement, un compte, etc. Beaucoup de ces actes sont purement symboliques ; par exemple ceux qui se font dans les banques ou les bourses, où l'on se borne à parler et à écrire ; mais ce sont des symboles qui entraînent des conséquences pratiques et finissent par se traduire en actes matériels ; un transport de créances aboutit à l'acquisition d'objets matériels.

Ces actes sont faits ou par un homme seul ou par plusieurs hommes à la fois. Faits par un seul, on les appelle individuels ; quand ils sont faits par plusieurs, on emploie le mot *collectif*. Les actes collectifs sont-ils d'une autre *espèce* que les actes individuels ? C'est une question très controversée, mais une question philosophique, indifférente pour l'application de la méthode : pour l'observateur, il n'y a jamais qu'une *somme* d'actes ou de paroles d'individus, et l'observation étant le seul procédé de connaissance, c'est de l'observation que la science doit partir. S'il y a vraiment un caractère propre à certains phénomènes collectifs, c'est-à-dire accomplis par les individus vivant en société, ce caractère apparaîtra plus tard par le rapprochement des faits isolés observés, comme dans les sciences biologiques apparaît la solidarité entre les phénomènes observés d'abord isolément dans un même organisme. Mais il serait contraire à la méthode de toute science empirique de présupposer à certains phénomènes un caractère spécifique, pour des raisons *a priori*.

3° Avec les actes on quitte le terrain de l'observation directe, qui est celui de toutes les sciences d'observation. Et pourtant, si l'on veut expliquer les faits sociaux, il est impossible de rester sur ce terrain ; car aucun acte humain social n'a sa cause en lui-même ou en d'autres actes matériels. Aucun acte, — ni une opération de commerce, ni une fabrication industrielle, ni un marché, pas même une arrestation ou un suicide, — ne peut être relié directement à d'autres actes. Pour qu'il se produise, il faut toujours un motif, c'est-à-dire un phénomène psychologique. Ce mot de *motif* est vague sans doute, c'est que notre connaissance du phénomène qu'il désigne est encore vague. On peut donner deux interprétations à un acte. L'une est psychologique : l'acte, dit-on, est produit par une représentation consciente de l'esprit (jugement, désir, volition) qui met en jeu un mécanisme nerveux et musculaire, lequel produit directement l'acte. L'autre interprétation est physiologique : l'acte a pour cause directe une impulsion, produite par l'action directe des centres nerveux de perception ; la conscience, qui nous donne l'illusion de la volonté, n'est qu'un épiphénomène qui accompagne quelques-uns des phénomènes cérébraux sans avoir aucune action sur les mouvements. Mais dans les deux interprétations, ce qui reste certain, c'est que les actes matériels, même symboliques (tels que les paroles ou les écrits) sont des phénomènes périphériques, produits par le mécanisme extérieur ; tandis que le point de départ de l'acte, sinon sa cause, est toujours central et accompagné d'un phénomène conscient du cerveau. Les actes humains qui constituent la matière de la science sociale ne peuvent donc être compris que par l'intermédiaire des phénomènes conscients du cerveau. Ainsi on est ramené irrésistiblement à l'interprétation cérébrale (c'est-à-dire psychologique) des faits sociaux. Auguste Comte avait espéré l'éviter en constituant la sociologie sur l'observation de faits extérieurs ; mais ces faits extérieurs ne sont que les produits des états intérieurs ; les étudier seuls sans connaître les états psychologiques qui les motivent, ce serait vouloir comprendre les mouvements d'un orchestre sans savoir la musique qu'il joue.

CHAPITRE VIII

CONSTRUCTION DES FAITS DES SCIENCES SOCIALES

I. *Nature des faits dans les sciences sociales.* — Caractère matériel et psychologique, impossibilité d'une méthode exclusivement objective.
II. *Analyse sociale.* — Différence entre l'analyse sociale et l'analyse biologique. — Caractère abstrait et subjectif de l'analyse sociale, rôle de l'imagination.
III. *Procédés de construction.* — Emploi de l'analogie. — Emploi du questionnaire.

Les faits qui fournissent les matériaux des sciences sociales se présentent dans des conditions qui conditionnent elle-mêmes la construction, en lui imposant ses procédés et ses limites.

I.— La plupart des faits sociaux sont connus par une méthode historique indirecte, au moyen de documents; le propre des faits ainsi connus[1] est d'être superficiels et vagues; il se bornent à constater l'existence d'êtres, d'habitudes, de groupes ou d'individus. Ce caractère vague et superficiel s'impose donc à tous les faits des sciences sociales; même ceux qu'on pourrait recueillir par une observation directe ne peuvent

(1) Voir plus haut, p. 83 et p. 103.

jamais être combinés en un ensemble avec les faits extraits des documents que dans la mesure où ils sont de même degré. Dans un recensement par exemple les détails circonstanciés qu'on aurait obtenus par observation directe sur quelques familles ne seront pas utilisables, parce qu'on ne pourra pas les faire entrer dans les catégories larges et vagues qui auront servi aux recenseurs. De même dans la description de l'organisation générale des syndicats on ne pourra pas faire entrer les connaissances spéciales qu'on aura recueillies sur quelques-uns d'entre eux, sinon sous forme de type ou d'exemple; ce qui est un artifice pédagogique, mais non un procédé scientifique.

Ces faits se ramènent tous à des êtres matériels, des actes ou des motifs (qui sont au moins des représentations). Mais la partie matérielle, la seule qui soit observable objectivement, ne peut pas être utilisée séparément. — On pourrait, il est vrai, concevoir une statistique exclusivement physiologique, où seraient dénombrés les corps, sexes, âges, maladies, caractères anthropologiques : mais cette statistique ne suffirait jamais par elle-même pour constituer un fait social; il faudrait toujours la mettre en rapport avec une nationalité, une religion, une classe, — en un mot avec des phénomènes internes, — pour déterminer la société dont on aurait fait le dénombrement. — De même une statistique d'objets, de marchandises, de numéraire ou d'animaux, ne devient un fait social qu'autant qu'on fait intervenir un fait d'appropriation, c'est-à-dire subjectif; on fait la statistique des marchandises, des animaux *appartenant* à un groupes d'hommes, il faut donc faire intervenir la notion subjective de propriété. — Ce qui donne le caractère *social*, c'est justement un phénomène interne, soit politique, soit économique.

Il est inutile de démontrer le caractère essentiellement subjectif de tout fait politique. Tout groupe politique repose avant tout sur l'idée de l'obéissance à un même centre ou de la solidarité avec les mêmes hommes. Qu'il y ait ou non un fait d'un autre ordre (phénomène collectif) lié à une idée d'obéissance ou de solidarité, en tout cas le fait n'existe jamais qu'avec cette idée et n'est aperçu que par l'intermédiaire de cette idée, et quand l'idée se modifie l'état politique se transforme. L'idée de la nationalité en Macédoine change chez les mêmes individus, suivant qu'ils se croient solidaires avec les Grecs, les Bulgares, les Valaques ou les Serbes.

Pour les faits économiques ce caractère subjectif est moins évident; ou du moins, à cause du caractère matériel des objets à propos desquels se produisent les faits économiques, il se voit moins nettement.

Mais en réalité les objets matériels ne sont jamais que l'occasion ou la condition des faits économiques; les véritables faits économiques sont les *idées* des hommes par rapport à ces objets. — L'appropriation, c'est l'idée que la disposition d'un certain objet appartient à quelqu'un; la preuve c'est qu'il peut y avoir une révolution dans la propriété, comme il est arrivé en Russie à l'abolition du servage, sans le moindre mouvement matériel. — Le commerce est un ensemble de conventions, c'est-à-dire de phénomènes psychologiques, pour échanger l'appropriation des objets; et le transport n'est qu'une conséquence matérielle de ces conventions. — La consommation et la production elles-mêmes ont une partie matérielle; mais leur caractère économique leur est donné par une notion purement subjective; c'est la valeur qui dirige le producteur et décide le consommateur, or la valeur est en pratique un phénomène subjectif. Je dis, « en pratique », car on pourrait concevoir une notion objective de valeur, calculée sur des réalités mesurables, la force et la chaleur; on pourrait évaluer tout objet et tout acte matériel en unités de force mécanique et en calories. Mais l'évaluation qu'on construirait sur ces données mécaniques, chimiques et biologiques n'aurait aucun rapport avec l'économie politique. Évaluer les aliments suivant leur valeur objective en calories, évaluer les actes en unités de force ou de chaleur objectives, ce serait le renversement de toutes les réalités économiques, un divertissement de fantaisiste ; un gramme de charbon vaudrait un gramme de diamant, un petit morceau de fromage vaudrait beaucoup plus qu'une truffe. C'est que le fait économique *réel* n'est aucunement fondé sur cette réalité matérielle, la seule pourtant qui soit réelle au sens objectif ; il est fondé uniquement sur la valeur psychologique, celle que les hommes attachent aux objets, c'est-à-dire sur leur imagination. La preuve c'est qu'elle change avec leur imagination, dans tous les domaines, même pour les objets les plus exclusivement matériels. Ni le porc, ni l'eau-de-vie n'auront la même valeur en pays musulman qu'en pays chrétien. C'est la grande difficulté du commerce avec les sauvages qu'on ignore les dispositions subjectives qui leur feront rechercher une étoffe rouge et mépriser une étoffe blanche ou inversement. Ce qui nous dissimule ce caractère subjectif de la valeur, c'est l'habitude de vivre dans une société très régulière, où les idées sur la valeur ne se transforment que lentement. Encore reste-t-il des exemples frappants de cette variation ; ce sont les objets à la mode, tels que peintures ou bibelots, dont la valeur hausse ou baisse brusquement.

Puisque le caractère subjectif est lié aux faits sociaux eux-mêmes, on n'a pas le droit de le faire disparaître dans la construction de la science sociale. Il faudra donc trouver les rapports qui unissent entre eux des faits sociaux, c'est-à-dire complexes, des faits composés d'existences matérielles liées à des phénomènes subjectifs (motifs et représentations). Ces rapports auront nécessairement un caractère subjectif.

II. — La façon dont les faits nous sont connus doit réagir aussi sur la nature de la construction. Or ces faits viennent pour la plupart des documents, ils ont été obtenus par l'*analyse* du document. Quelques-uns peut-être ont été observés directement. Mais tous ils ont été recueillis à la suite d'une analyse sociale ; c'est-à-dire que parmi les faits innombrables des documents ou de la réalité on en a choisi quelques-uns, les faits sociaux, tels que recensements ou descriptions d'institutions ; ce qui a nécessairement exigé une analyse. Quel est donc le caractère de cette analyse?

Le nom même d'analyse est en science sociale une cause dangereuse d'erreur. L'analyse dans les sciences objectives est une opération objective, matérielle ; ἀναλύειν signifie dissoudre, décomposer. En biologie et en zoologie, quand on analyse, on opère sur un animal réel, par une analyse réelle, on le dissèque ; après quoi on fait une synthèse réelle, en remettant les parties ensemble, de façon à apercevoir des rapports réels. En chimie on décompose les corps et on les recompose réellement. Ces sciences sont fondées sur l'analyse réelle et la synthèse réelle ; on sait objectivement en quelles parties l'objet étudié se décompose et comment elles sont reliées entre elles.

Mais l'analyse historique ou sociale n'est une analyse que par métaphore. En ces matières on n'a aucun objet réel à analyser, aucun objet qu'on puisse détruire et ensuite reconstruire ; on ne fait donc aucune opération réelle. On n'opère que sur des écrits et la seule réalité matérielle c'est le papier écrit. Ces écrits sont des symboles, ils ne servent que par les opérations d'esprit qu'ils produisent, par les images qu'ils évoquent. En histoire on ne travaille jamais que sur ces images. Celui qui étudie l'organisation des métiers au moyen âge n'a affaire à aucune réalité concrète ; il ne voit pas un seul ouvrier, pas un seul instrument du moyen âge ; il n'opère que sur les images de son esprit qui lui représentent ces choses, et il ne se les représente que par analogie avec des ouvriers ou des outils actuels qu'il sait être analogues ; il n'opère que sur les traits qu'il sait communs aux ouvriers du moyen âge et aux ouvriers actuels, c'est-à-dire sur des abstractions. De même un recensement implique une analyse d'une société ; mais l'opération consiste seulement à se demander combien il y a de gens de tel sexe, de tel âge, de telle nation ; on procède non par observation, mais par question. Quand même on observe directement, c'est seulement pour trouver une réponse à une question qu'on va voir les objets ; mais jamais on ne les analyse.

L'analyse sociale, comme l'analyse historique, est un procédé abstrait, purement intellectuel. Elle consiste, en présence d'un objet ou d'un groupe d'objets, d'un acte ou d'un groupe d'actes, à fixer son attention successivement sur les divers caractères visibles ou imaginés de cet objet ou de cet acte ; à en examiner l'un après l'autre les divers aspects (c'est encore une métaphore) et à se demander quels en sont les différents caractères. Cette opération est nécessaire à cause de la faiblesse de l'esprit humain ; spontanément nous n'avons que des impressions confuses d'ensemble ; il faut nous astreindre à nous demander successivement les différentes impressions particulières que nous avons éprouvées, afin de les préciser en les distinguant. Le résultat de ce travail est de rendre précise une connaissance confuse, non de nous donner une connaissance nouvelle. Ce n'est pas, comme l'analyse anatomique, une méthode objective pour découvrir de nouveaux objets réels ou des rapports nouveaux entre ces objets; c'est une méthode subjective pour nous faire apercevoir dans nos impressions leurs éléments et les rapports subjectifs entre ces éléments.

En fait, en science sociale on opère, non pas sur des objets réels, mais sur les représentations qu'on se fait des objets. On ne voit pas les hommes, les animaux, les maisons qu'on recense, on ne voit pas les institutions qu'on décrit. On est obligé de *s'imaginer* les hommes, les objets, les actes, les motifs qu'on étudie. Ce sont ces images qui sont la matière pratique de la science sociale; ce sont ces images qu'on analyse. Quelques-unes peuvent être des souvenirs d'objets qu'on a personnellement observés ; mais un souvenir n'est déjà plus qu'une image. La plupart d'ailleurs n'ont même pas été obtenues par souvenir, nous les inventons *à l'image* de nos souvenirs, c'est-à-dire par analogie avec des images obtenues au moyen du souvenir. Dans un recensement nous imaginons les différentes espèces d'objets à recenser. Pour décrire le fonctionnement d'un syndicat, nous nous figurons les actes et les démarches des membres.

Ainsi en science sociale, comme en histoire, on opère sur des images, c'est-à-dire sur des objets imaginaires. Il serait donc illégitime de vouloir appliquer, à cette analyse imaginaire d'objets imaginaires les règles de l'analyse réelle des objets réels.

III. — Peut-on, en opérant sur des images, arriver à des résultats qui ne soient pas entièrement imaginaires, c'est-à-dire sans rapport avec la réalité ? Forcément ces opérations sont subjectives. Mais subjectif n'est pas synonyme d'irréel. Il peut y avoir une relation précise entre une image subjective et une réalité, c'est le cas du souvenir. Personne ne confond un souvenir avec une chimère ; et en pratique la plupart de nos actes sont dirigés par des souvenirs. Le principe doit donc être d'opérer autant que possible avec des images fournies par des souvenirs. C'est un avantage des sciences sociales sur les sciences historiques, qu'elles ont une part beaucoup plus grande de souvenirs dans leurs matériaux. Le travailleur, même quand il opère sur des documents écrits, a vu des objets de l'espèce de ceux qu'il étudie et il s'en souvient.

Mais en pratique le nombre des souvenirs d'un homme est bien petit, il suffit à peine pour une monographie, il est insuffisant pour toute construction étendue ; en statistique même on est forcé d'opérer presque uniquement avec des images qui ne sont pas des souvenirs.

A défaut de souvenirs, il faut donc se faire des images analogues à celles des souvenirs. Voici par quel procédé. On suppose que les êtres, objets, actes, motifs, qu'on n'a pas pu observer, mais qu'on connaît indirectement par les documents, sont analogues à ceux qu'on connaît par l'observation du monde actuel. C'est le postulat nécessaire de toutes les sciences documentaires ; si les faits rapportés dans les documents n'avaient pas été analogues à ceux que nous observons, nous n'y pourrions rien comprendre.

Mais il ne suffit pas de se représenter des êtres, des objets ou des actes isolés. Tout au plus pourrait-on s'en contenter pour un dénombrement, où tout le travail de construction se borne à des additions de chiffres, — et encore à condition de savoir dans quel champ ces faits isolés se trouvent. Dès qu'on veut se représenter un ensemble, il faut aussi imaginer des *rapports* entre les êtres, les objets ou les actes. On ne peut les imaginer que par *analogie* avec les rapports entre les faits qu'on connaît directement. On imagine donc une humanité analogue à celle qu'on connaît, c'est-à-dire des hommes et des objets analogues, unis entre eux par des rapports analogues. On commence ainsi par une affirmation *à priori* des caractères et des rapports généraux de l'humanité. C'est pourquoi il entre forcément une part d'*à priori* dans toute science documentaire (historique ou sociale).

Pour imaginer cette humanité nous avons besoin de nous représenter les rapports habituels principaux entre les hommes et les rapports des hommes avec les choses. Assurément nous n'inventons pas ces rapports, nous les avons observés dans la vie ; mais nos observations sont restées à l'état de souvenirs incorporés dans l'ensemble de nos images, il s'agit de les en dégager. Or nous n'avons qu'un moyen pratique de rechercher dans nos souvenirs pour dégager cette image des rapports qui constituent une société, c'est de procéder par questions.

Ainsi s'explique le procédé du *questionnaire* qu'on emploie empiriquement dans les sciences sociales, avant d'en avoir connu la justification logique. Le questionnaire est le procédé subjectif qui, seul, rend possible d'abord de faire l'analyse subjective des phénomènes (ou plus exactement des images que nous en avons), ensuite de déterminer entre les phénomènes les rapports présumés qui permettront de grouper les faits isolés pour en construire un ensemble. Il fournit, pour assembler les faits épars, un cadre de groupement fondé sur les lois générales de la vie sociale.

A la suite d'une analyse de documents ce sont des

images isolées qui encombrent l'esprit, le questionnaire est le moyen d'y mettre de l'ordre. Il consiste à se demander dans quelles conditions les faits dont nous avons l'image ont dû se produire en réalité. Il faut, pour répondre, connaître les conditions dans lesquelles se produisent nécessairement (ou très ordinairement) les faits sociaux. Ces conditions, on les connaît d'avance, puisqu'elles sont les mêmes dans toute l'humanité. Ce sont celles qui tiennent soit aux phénomènes physiologiques communs à toute l'humanité (et à leurs conditions matérielles), soit aux habitudes psychologiques communes à tous les hommes. Il y a, il est vrai, des variétés dans ces phénomènes, et on aura besoin de préciser quelle variété a été réalisée dans chaque cas, car on ne le sait pas d'avance ; mais ce qu'on sait d'avance, c'est le *genre* de phénomènes qu'on peut s'attendre à rencontrer. Ainsi on ne sait pas d'avance quelle sera l'espèce d'industrie, d'alimentation, de commerce d'un peuple, ni quelle sera la proportion des sexes ou des âges. Mais d'avance on sait qu'il y aura eu alimentation, fabrication, échange, qu'il y aura eu une proportion donnée entre le sexe et l'âge, et entre gens de sexe ou d'âge différents. Ces phénomènes, dont on ne sait pas la variété mais dont on connaît le genre, forment la matière du questionnaire. On peut le construire par une analyse des conditions générales de l'humanité.

L'emploi d'un questionnaire ainsi construit *a priori* répugnera peut-être à quelques esprits. En fait nous n'avons aucun moyen de procéder autrement. Nous ne pouvons classer des faits imaginés que dans des cadres fournis par notre connaissance du monde réel. Qu'on le veuille ou non, on emploiera toujours un questionnaire, même si on n'en a pas conscience, quand même on voudrait l'éviter. La seule différence, c'est qu'il sera inconscient et par suite confus. Nous avons le choix non pas entre procéder avec questionnaire et procéder sans questionnaire, mais seulement entre procéder avec un questionnaire inconscient, incomplet, vague, et procéder avec un questionnaire conscient, complet, précis.

Toute construction historique ou sociale est forcément œuvre d'imagination, puisque l'observation ne nous donne jamais la connaissance directe que d'individus ou de conditions matérielles. La société est un ensemble de rapports qu'on n'observe pas directement, on les *construit* par l'imagination. Ce travail consiste à chercher, soit dans les documents, soit dans l'observation, la réponse à des questions posées d'avance par un questionnaire *a priori*. Ce questionnaire uniforme pour tous les cas, c'est la liste des conditions générales communes aux hommes vivant en société.

Ainsi les faits eux-mêmes de la science sociale se composent pour une partie d'un phénomène interne subjectif; ils sont atteints par une analyse abstraite toute subjective; ils ne peuvent être construits que par un questionnaire subjectif. Le caractère subjectif étant inséparable à la fois de la nature, du mode de connaissance, du mode de construction des faits sociaux, la méthode sociale est forcément une méthode subjective.

CHAPITRE IX

MÉTHODE DE GROUPEMENT DES FAITS SIMULTANÉS

I. *Conséquences du caractère subjectif des faits sociaux.* — Illégitimité de la méthode mathématique, de la méthode biologique, de la psychologie déductive. — Règles pratiques.

II. *Procédés de groupement.* — Conditions générales de la société. — Tableau des phénomènes sociaux essentiels.

L'histoire, après avoir déterminé les faits, les groupe en deux espèces de combinaisons : 1° Elle réunit les faits qui se produisent en différents lieux dans le même temps. 2° Elle réunit ceux qui se sont produits en divers temps. — Il y a donc deux sortes de groupements : 1° groupement des faits simultanés, auquel correspondent les tableaux d'ensemble d'une société ; 2° groupement des faits successifs, qui constitue l'étude des évolutions. — La construction historique définitive exige deux séries d'opérations : 1° dresser le tableau des faits et des rapports entre eux à un moment donné, pour aboutir à la description d'un *état* de choses ; 2° établir la série des changements successifs dans le temps, pour aboutir à une détermination *d'évolution*.

I. — Pour arriver à construire le tableau des faits simultanés, il faut ne pas perdre de vue le caractère subjectif de tous les faits sociaux. Sans doute, il y a une part de faits matériels qui sont les conditions des actes, ce sont les corps, les instruments, les produits ; on peut essayer d'en déterminer le nombre et la répartition, mais ce ne peut être qu'une étude préparatoire ; elle ne suffira jamais pour faire comprendre un ensemble social. De même les actes sociaux ont une partie matérielle, extraction, fabrication, transports ; on peut essayer de les observer, d'en déterminer le nombre et la répartition. Mais c'est encore une étude qui ne se suffit pas à elle-même, les actes ainsi étudiés isolément restent des phénomènes inintelligibles[1]. Tout acte humain est un complexe ; la partie dirigeante, celle qui explique le reste, est ou bien l'intention d'un individu, ou bien la convention conclue entre plusieurs, c'est-à-dire un phénomène subjectif, mal analysé, mais où entre certainement une représentation ; il en est à cet égard des faits économiques comme des faits politiques. Toute construction devra donc conserver ce caractère subjectif fondamental qui rend seul le phénomène intelligible; ce qu'il faudra arriver à grouper méthodiquement ce sera des faits de représentation.

(1) Voir plus haut, p. 108.

Cette nécessité a de très graves conséquences négatives. Elle suffit pour empêcher d'appliquer aux sciences sociales les méthodes qu'on est tenté d'y introduire par analogie avec les autres sciences constituées, ou du moins pour restreindre l'emploi de ces méthodes à l'étude de quelques faits spéciaux annexes, (d'anthropologie ou de technique).

1° La tentation la plus directe, et aussi la plus ancienne historiquement, a été d'employer en science sociale la méthode mathématique; c'est ce qu'a fait Quételet. M. Bourdeau (*L'histoire et les historiens*) a même prétendu étudier les faits historiques par un procédé arithmétique. Dans ce système on groupe les faits en catégories et on les dénombre, on compare entre eux les chiffres, on en conclut qu'il existe un rapport entre les faits exprimés par ces chiffres. Dans l'étude des faits simultanés la méthode arithmétique consiste à mettre des chiffres sur des faits et à conclure de ces chiffres à l'intensité des faits. M. Bourdeau propose par exemple de compter le nombre d'exemplaires auquel a été tiré un livre pour évaluer l'influence de ce livre sur la société. Ce procédé repose sur une confusion entre la mesure et le dénombrement.

En fait la mesure dans les sciences sociales n'est applicable qu'à un petit nombre de conditions matérielles peu importantes, telles que la taille ou l'âge, aux poids des produits et aux valeurs en numéraire, d'ailleurs conventionnelles. Elle peut fournir quelques renseignements utiles; mais elle ne permet pas de constituer le tableau d'une société, pas même d'un phénomène social. Pour tous les autres faits de la statistique, les chiffres ne représentent qu'un dénombrement. Or on a dénombré en commençant par définir un phénomène d'une façon conventionnelle, ou même en prenant un fait conventionnel (tel que mariage, crime, journal, syndicat), qu'on reconnait à un certain caractère convenu. Le dénombrement indique seulement le nombre de fois que ce caractère convenu s'est trouvé dans les phénomènes qu'on a comptés. Ce caractère se ramène toujours à une représentation, or on ne peut compter des représentations, encore moins les additionner, de façon à établir une proposition scientifique. On peut compter les crimes, les journaux, les enfants naturels ; mais de la comparaison des chiffres que pourra-t-on conclure ? On a comparé des incommensurables, des faits qui ne sont même pas mesurables. Qu'y a-t-il de commun entre un assassinat et une hérésie, dans les pays où l'hérésie est un crime, sinon le caractère conventionnel d'être tous deux des actes défendus ? Le chiffre ne sera pas inutile, il pourra servir parfois à donner l'idée d'un phénomène anormal qui a besoin d'être étudié ; mais par lui-même il ne donne aucune conclusion sur le phénomène. Il n'a de sens qu'appliqué à des phénomènes déjà définis, donc connus; il ne permet pas de les classer, puisqu'il ne renseigne pas sur leur nature.

2° Une deuxième tentation, plus récente et plus fréquente, a été d'appliquer aux sciences sociales la méthode biologique. Les faits sociaux étant produits par des êtres vivants, il semble naturel de penser qu'ils se conforment aux lois des êtres vivants ; et de voir dans la sociologie une branche de la biologie. En effet une partie des faits sociaux sont des faits physiologiques, les maladies, la reproduction, la nutrition, etc. Il peut y avoir une science physiologique des phénomènes humains, et, en effet, il y en a une, c'est l'anthropologie, ou l'ethnologie. Mais elle laisse en dehors de son étude précisément les faits sociaux, c'est-à-dire les rapports economiques et la plupart des faits recueillis par la statistique. C'est que ces faits ne s'expliquent pas par la physiologie. Ils ont bien une partie matérielle, mais de la même façon que les faits de politique, d'art ou de religion, c'est-à-dire comme condition nécessaire des actes. Quant aux faits eux-mêmes, ce sont des conventions et des croyances (c'est-à-dire des représentations), que la connaissance des faits biologiques ne suffit jamais à expliquer.

Comme on ne pouvait utiliser directement en science sociale les connaissances biologiques, on a eu l'idée de prendre du moins la méthode et les lois de la biologie et de les introduire directement dans l'étude des faits sociaux[1]. Pour cela il a fallu transcrire les faits sociaux en langue biologique ; on a appelé les individus « cellules », les institutions (c'est-à-dire les conventions et les règles) « organes » ; les habitudes des hommes, « fonctions des organes », on a nommé « organisme » l'ensemble d'un groupe d'hommes formé par une communauté quelconque (langue, gouvernement, religion). En transformant ainsi des caractères abstraits en réalités organiques, on a construit un système de métaphores. Puis on a appliqué à ces métaphores les lois constatées par l'observation directe des vrais organismes : subordination des fonctions, adaptation, sélection, atrophie, développement des organes.

La première condition pour opérer ainsi eût été de prouver l'identité (ou du moins la ressemblance de nature) entre un organisme biologique et une société, c'est-à-dire un groupe d'hommes ayant les mêmes

(1) Herbert Spencer l'a essayé dans ses *Principes de sociologie* et Taine a expressément formulé cette méthode dans l'Introduction de l'*Histoire de la littérature anglaise*. Pour les tentatives plus récentes voir P. Barth. *Die Philosophie der Geschichte als Sociologie*, 1897.

usages, les mêmes goûts ou le même souverain. Or, on n'a pu indiquer que des analogies métaphoriques ; et on a négligé le caractère fondamental qui distingue les faits sociaux, le caractère subjectif. Entre la fonction d'un rein et la fonction d'un garde champêtre, on peut trouver une ressemblance, mais une ressemblance métaphorique ; l'organe opère par un processus biologique, le fonctionnaire par un processus psychologique. Une méthode correcte ne peut pas commencer par écarter systématiquement ce qui fait le caractère essentiel du phénomène social, c'est-à-dire la représentation. Il faut maintenir dans la construction de la science sociale la notion de représentation, et cela serait impossible avec une méthode purement biologique. En tout cas, si l'on veut opérer par cette méthode, on ne doit l'appliquer qu'à l'étude des phénomènes biologiques. On peut nier la possibilité d'étudier d'autres phénomènes, et déclarer qu'on renonce à connaître les faits psychologiques ; mais on ne doit pas les défigurer pour leur donner une ressemblance verbale avec des faits biologiques. Par cette méthode métaphorique on ne fera qu'une science verbale, dont on ne tirera aucune lumière sur la nature et l'enchaînement des faits, puisqu'il faudra d'abord retraduire les faits de cette langue métaphorique dans la langue naturelle des faits sociaux, qui est forcément une langue psychologique.

3° Une tentation d'une autre nature, c'est d'employer une méthode mixte, psychologique au point de départ, logique dans la construction. Le type le plus complet en a été donné par l'économie politique de la première moitié du XIXe siècle (celle qu'on a surnommée orthodoxe). On part de ce principe général de toute méthode en science, qu'on doit procéder par analyse. On commence par une analyse au sens métaphorique, une analyse psychologique. On observe des phénomènes sociaux très habituels, par exemple la vente, on se demande sur quels phénomènes psychologiques elle repose. On en distingue un ou deux, très habituels, qu'on regarde comme les plus importants, l'offre et la demande ; on les transforme en un principe. A partir de là, opérant par déduction, on cherche ce qui se produirait entre gens dont les actes n'auraient qu'un seul mobile, la représentation de l'avantage de vendre cher ou bien d'acheter à bon marché. Ce serait peut-être un procédé provisoire de recherche pour tâcher de préciser ses propres impressions ; à condition d'étudier ensuite les autres faits psychologiques qui entrent dans la constitution d'une vente et de regarder par l'observation comment ces faits se combinent dans la réalité. Mais on oublie de revenir à l'observation ; du principe abstrait posé au début on déduit logiquement ce qui devrait se produire si cette représentation agissait seule, et cette déduction on l'appelle une loi. C'est un procédé analogue à certaines considérations mathématiques. Mais quand on veut appliquer à la réalité les abstractions mathématiques ainsi obtenues, on fait rentrer dans son calcul les autres éléments de la réalité (en n'écartant que les quantités négligeables). Dans la méthode sociale logique on arrive, sans y penser, à calculer la réalité d'après un seul élément.

Ainsi les trois méthodes, mathématique, biologique, logique, sont incorrectes. Si on s'est laissé aller à les introduire dans les sciences sociales, c'est par de fausses analogies. L'histoire peut servir à en montrer l'illégitimité. En fait, aucun historien, jusqu'à ces dernières années du moins, n'a eu l'idée de les appliquer à l'histoire, et cela pour des raisons pratiques. L'historien opère avec des documents où le caractère psychologique est trop marqué pour qu'il puisse l'oublier, il n'est donc pas menacé de l'illusion biologique ; il opère sur des documents où les chiffres sont rares, ce qui le préserve de l'illusion qu'on peut réduire les faits historiques en chiffres ; il opère avec des documents où se rencontrent pêle-mêle des faits de toute nature, ce qui le garantit contre l'abstraction logique. Ce qui a évité aux historiens les faux-pas faits dans les études sociales directes, c'est la situation défavorable de l'histoire, la confusion qui l'a empêchée de s'organiser avec un appareil scientifique imité des autres sciences, en ôtant aux historiens jusqu'à la prétention de faire de la science.

La méthode historique, si peu avancée pourtant, peut ainsi rendre quelque service aux sciences sociales, en les empêchant d'adopter une méthode qui ne tiendrait pas compte du caractère psychologique des faits sociaux, ou de l'impossibilité de les mesurer, ou de la nécessité de ne pas les isoler. Cet avertissement peut se formuler en quelques règles pratiques.

1° L'histoire fait voir que tout phénomène social doit être étudié par l'observation jusqu'à ce qu'on ait atteint son fond psychologique, c'est-à-dire des intentions et des représentations communes à un groupe d'hommes. Il faut donc déterminer d'abord quelles sont les intentions et les représentations des hommes dans les différents cas particuliers qu'on aura étudiés pour servir de types, ensuite quelles sont les intentions et les représentations communes à tous ces cas. Ce sont ces traits communs qui serviront à donner la définition même du fait social, après quoi il restera à déterminer quels sont les groupes d'hommes qui ont ces intentions et ces représentations. Toute étude sociale doit commencer par ces constatations préalables.

2° L'histoire donne l'habitude de voir coexistant dans un même temps des usages sociaux différents, des groupes sociaux formés sur des principes différents et enchevêtrés les uns dans les autres ; des groupes politiques, religieux, linguistiques, économiques, chacun opposé à d'autres et cependant formés en partie des mêmes individus, des gens qui parlent une même langue ou pratiquent une même religion et qui sont soumis à des gouvernements différents. Elle oblige à se rendre compte des groupes et des individus qui les composent. Elle permet de poser cette règle applicable à la construction des faits sociaux : On doit toujours préciser dans quels groupes sociaux se produit le phénomène à étudier et de quels individus se compose chaque groupe. Il ne faut donc pas se laisser prendre à l'apparence d'organisme que présentent les sociétés humaines et négliger d'examiner la composition de ces « organismes » ; il faut au contraire analyser avec précision les termes collectifs en se posant une série de questions : Quel groupe étudie-t-on ? Par quelle sorte de lien (politique, économique, linguistique) est formé ce groupe ? Est-il homogène ? ou n'est-il qu'un agrégat hétérogène de groupes ? En ce cas de quels sous-groupes est-il composé ? Dans quelles limites de pays et de temps se sont produits les faits sociaux qu'on étudie ?

3° L'histoire montre qu'il y a dans une société beaucoup de faits différents, c'est-à-dire beaucoup de conditions et d'usages différents. Elle ne permet pas directement de les prévoir tous, de façon à dresser le questionnaire qui permettrait de les rechercher, ni de tracer le cadre dans lequel on les groupera. C'est au contraire l'observation du présent qui seule peut faire connaître les phénomènes. Mais l'histoire complète cette étude directe de deux façons : 1° Elle étudie tous les faits de tout genre dans une société, et cela l'empêche d'oublier l'existence de certaines catégories de faits, ce qui arrive forcément aux spécialistes. 2° Elle étudie des sociétés variées, et cela l'amène à prévoir une plus grande variété de combinaisons sociales. En fait l'idée d'un questionnaire général applicable à toutes les sociétés viendra plus naturellement à un historien habitué à une vue générale de l'humanité. Une fois constitué pour les besoins de l'histoire, ce procédé pourra se transporter aux sciences sociales ; ainsi on arrivera à dresser le questionnaire universel, où seront prévus tous les phénomènes *sociaux* possibles et qui servira de cadre de groupement à tous.

4° L'avantage de ce schéma d'ensemble pourrait n'être pas compris par les spécialistes ; il leur sera montré par l'expérience des progrès de l'histoire. Un des plus grands progrès historiques a été de reconnaître que dans une société il n'y a pas de faits indépendants, que les actes et les usages d'un homme ou d'un groupe d'hommes sont liés entre eux, réagissent les uns sur les autres, se causent les uns les autres; si nous les distinguons, ce n'est que par abstraction. Dans la réalité, il n'y a pas de faits spéciaux, économiques, religieux, scientifiques, politiques; il y a des hommes et des habitudes qui se modifient constamment les uns les autres. Ce lien est appelé parfois *complexus*, en allemand *Zusammenhang*.

II. — L'étude de ces réactions réciproques est un des objets de recherches de l'histoire. Or les sciences sociales, par le fait de leur origine spéciale, ont une tendance à se réduire à des études spécialisées, c'est-à-dire à s'enfermer dans l'examen minutieux d'une seule espèce d'abstraction. La marche naturelle de la science est d'étudier séparément les phénomènes sociaux produits par chaque espèce d'activité, de grouper ceux d'une même espèce en une catégorie spéciale et de rechercher les rapports entre les faits de même catégorie, en écartant systématiquement les faits des autres espèces. Le linguiste n'examine que les faits de langue, l'économiste que les faits économiques. Mais chacun de ces faits reste inintelligible tant qu'on s'enferme dans une étude spéciale, car ils sont liés à d'autres qui en sont la raison d'être. A quiconque étudie spécialement les phénomènes sociaux, il est indispensable de rappeler le *complexus* qui relie entre elles toutes les activités humaines.

Cela est d'autant plus nécessaire qu'un fait social n'est pas même un fragment de la réalité, comme peut l'être un fait anatomique ; c'est une simple abstraction, un acte ou un état d'un ou de plusieurs individus, désigné d'ordinaire par une métaphore qui augmente les chances d'erreur. Pour comprendre des faits de ce genre, il faut se les représenter toujours comme les états, les actes, les conditions d'individus vivant en société, et se représenter leur place dans l'ensemble des faits d'une société. C'est l'application d'un principe commun à toute science : On doit isoler les faits pour les *constater*, les rapprocher pour les *comprendre*.

Voici un tableau sommaire des phénomènes essentiels de toute société, qui donnera les catégories générales de questions à prévoir.

I. — **Conditions matérielles.** — Elles se divisent en deux sortes :

1° Les corps humains. — C'est la matière de deux sortes d'études : l'*anthropologie*, étude générale des caractères physiques des différentes races d'hommes; la *démographie*, étude de la répartition locale des phénomènes corporels ordinaires et de leurs proportions numériques.

2° Le milieu matériel général. Il se subdivise en : milieu naturel, objet de la géographie, — milieu artificiel résultant de l'aménagement fait par les hommes (cultures, édifices, voies de transport, etc.).

II. — Habitudes intellectuelles.

Les principales sont : 1° la langue et l'écriture; 2° les beaux-arts divisés eux-mêmes en plusieurs branches; 3° les arts techniques ; 4° la religion ; 5° la morale et la métaphysique; 6° les sciences.

III. — Habitudes matérielles non obligatoires.

1° Les coutumes de vie matérielle, alimentation, vêtement et parure, soins du corps, habitation; 2° les coutumes de vie privée, emploi du temps, cérémonial, divertissements, déplacements; 3° les coutumes économiques, production (agricole, minière, industrielle), transports, échange, appropriation, transmissions et contrats.

IV. — Institutions sociales.

1° Propriété et succession; 2° famille; 3° éducation; 4° classes sociales.

V. — Institutions publiques.

1° Recrutement et organisation du personnel de gouvernement (gouvernement central et services spéciaux), règles officielles du gouvernement, procédure réelle des opérations de gouvernement (centrales et spéciales); 2° organisation, recrutement, règles et pratiques du gouvernement ecclésiastique; 3° organisation, recrutement, règles, pratiques des pouvoirs locaux.

VI. — Relations entre les groupes sociaux souverains.

1° Organisation du personnel de relations internationales; 2° conventions, règles, usages communs, formant le droit international, officiel et réel.

CHAPITRE X

MÉTHODE DE GROUPEMENT DES FAITS SUCCESSIFS

I. *Transformations sociales.* — Transformation et évolution. — Différence entre l'évolution sociale et l'évolution biologique.

II. *Etude analytique des transformations.* — Opérations successives, précautions critiques.

III. *Comparaison des évolutions.* — Méthode statistique. — Méthode psychologique. — Processus historique des évolutions, changement d'habitudes, renouvellement des individus. — Conditions d'une conclusion scientifique.

I. — La dernière opération de la construction historique, c'est de grouper les phénomènes successifs pour arriver à dresser le tableau de l'évolution.

Qu'est-ce qu'une évolution ? Quelle est la nature de cette relation que nous appelons *évolution* ? La première notion empirique donnée par l'examen d'une série d'états successifs, c'est la notion de changement. Dans tous les ordres de phénomènes sociaux, si l'on compare soit l'organisation d'ensemble d'un pays, soit un détail de l'organisation d'un pays à deux ou plusieurs moments successifs, on constate que les états ainsi comparés ne sont pas identiques ; ces différences entre les moments, ce sont les changements.

Mais tout changement n'est pas une évolution. Si l'état de choses a changé du premier au deuxième moment, mais qu'à un troisième moment il redevienne identique au premier, il n'y a eu qu'une oscillation. Si les mêmes états successifs sont tous différents, mais que les différences successives ne présentent pas de régularité, si dans la série des états, l'état n° 5 est plus semblable à l'état n° 1 que l'état n° 3, il n'y a que des variations en sens divers, il n'y a pas évolution. La série des changements ne devient une évolution que si elle va dans une direction qui nous paraît constante. Le mot même est une métaphore, pour indiquer que les états les plus récents sont de moins en moins semblables à l'état le plus ancien. L'objet ou le phénomène est comparé à une chaîne qui se déroule en s'éloignant de son point de départ.

L'évolution est un phénomène fondamental dans toutes les sciences qui étudient des êtres vivants, mais c'est en histoire qu'elle tient la place capitale. L'histoire est avant tout la science de l'évolution des sociétés; aussi la pratique de l'histoire a-t-elle obligé à se poser, plus nettement qu'en toute autre science, la question de l'évolution. La science sociale au contraire risque d'oublier l'évolution, parce qu'elle se limite à des périodes de temps très courtes, où l'évolution est moins sensible. Ou bien elle peut être tentée d'emprunter la notion d'évolution à la biologie; c'est une tendance des sociologues d'expliquer les évolutions sociales en leur appliquant les lois de l'évolution biologique, sélection, lutte pour l'existence, survie des plus aptes. Il suffit de rappeler les travaux de Gumplowicz et de Patten.

L'évolution d'une société ou d'un usage est un fait tout différent de l'évolution d'une espèce animale; il n'y a de commun entre elles que le fait d'une transformation dans un sens continu. Mais quant au *processus* de la transformation, rien *a priori* n'indique qu'il soit semblable dans les deux cas; et en fait il est profondément différent, même quand il s'exprime par des termes identiques, tels que *hérédité*, *sélection*, parce qu'il est produit par des phénomènes de nature différente. En biologie l'évolution est un fait purement biologique; l'hérédité est physiologique, les parents transmettent leurs aptitudes physiologiques à leurs descendants par un procédé physiologique; la sélection est physiologique. En matière sociale ce sont des faits mixtes en partie physiologiques, en partie psychologiques ; l'hérédité, c'est l'héritage, réglé par des coutumes juridiques; la sélection, c'est le choix, fait pour beaucoup de raisons étrangères à l'instinct sexuel. Ces procédés d'évolution n'ont qu'une ressemblance métaphorique avec le processus physiologique, ils aboutissent même souvent à des résultats inverses.

II. — Comment peut-on étudier l'évolution des faits sociaux? Ici on retrouve la nécessité commune à toute étude scientifique: pour constater il faut isoler, pour comprendre il faut rapprocher.

On devra d'abord isoler les évolutions à étudier.

1° On doit prendre séparément les espèces de faits sociaux et chercher quelle a été l'évolution de chacun. Ce travail exige une série d'opérations.

La première opération consiste à déterminer nettement le fait dont on aura à chercher l'évolution; c'est forcément une abstraction : une certaine espèce d'activité humaine ou de condition matérielle, par exemple le nombre de gens dans une condition donnée (mariés, célibataires, condamnés), — ou la proportion entre les catégories, — ou une somme d'argent ou une quantité d'objets ou d'instruments, par exemple le nombre de kilomètres de voie ferrée, le nombre de machines, la somme employée à un but (budget, salaire), — ou un usage (marché, forme de crédit), — ou une institution (coopérative, syndicat). On doit toujours penser à ce caractère abstrait pour ne pas oublier la nature du fait ; et l'on doit prendre garde de ne pas changer dans le courant de l'étude le nom qu'on aura une fois donné à ce fait.

La deuxième opération, c'est de déterminer le groupe dans lequel on étudie le phénomène en évolution. De quelle espèce est-il ? et dans quelles limites est-il fixé ? Il est nécessaire de se tenir en garde contre les cas où le groupe étudié au point de départ est remplacé par un autre groupe qui conserve le même nom. Dans le cas où le groupe s'est conservé, mais avec des agrandissements ou des diminutions, il faut penser à ajouter ou à défalquer. Toute étude d'évolution sur la France dans la deuxième moitié du XIXe siècle doit tenir compte de l'annexion de la Savoie et de la perte de l'Alsace-Lorraine.

La troisième opération consiste à déterminer la durée de temps pendant laquelle on veut observer l'évolution et les points de repère chronologiques. Veut-on constater l'état des choses seulement à chacun des deux bouts de la période? ou constater les états intermédiaires ? Elle implique cette question corollaire : Possède-t-on les documents nécessaires pour chacun de ces états ?

2° On compare l'état du phénomène aux différents moments, et ainsi on obtient l'évolution à l'état brut ; on constate la différence entre l'état des choses au commencement de la période et l'état des choses à la fin. Mais cette différence est exprimée seulement par des chiffres ou par des descriptions, sans explication qui permette d'apercevoir la continuité de l'évolution.

Il faut ici prendre une précaution critique. Les termes employés au commencement et à la fin de la période pour résumer le phénomène sont-ils réellement comparables entre eux? Ils expriment seulement les phénomènes *connus*, non les phénomènes *réels*. Pour avoir le droit de les comparer il faut que la connaissance soit restée à peu près la même; si elle a changé, on comparera sans s'en apercevoir des termes différents. On étudie les chiffres annuels des suicides ou des crimes à deux moments, en 1800 et en 1900, mais ce ne sont que les crimes ou les suicides *connus* en 1800 et 1900; et la comparaison ne peut donner que l'évolution des crimes ou des suicides connus. Il reste à savoir quelle est la relation avec l'évolution des suicides ou des crimes *réels*. On sait aujourd'hui quel écart énorme sépare le chiffre des centenaires prétendus et des centenaires réels, et que cet écart diminue fortement à mesure que l'état civil devient plus régulier. Si l'on trouve une plus forte proportion de prétendus centenaires il y a cent ans, pourra-t-on en conclure que l'évolution a été la diminution des centenaires? Il faut donc toujours s'assurer qu'on compare des renseignements de même valeur. Cette précaution est naturellement suggérée par l'histoire où la différence d'abondance des renseignements est si grande que l'oubli de cette précaution mènerait à des conclusions trop visiblement absurdes.

III. — Après avoir isolé les évolutions pour les constater on est obligé de les rapprocher pour les comprendre.

Le procédé normal de comparaison des sciences sociales est la comparaison statistique ; on a essayé de l'ériger en méthode. Pour tout phénomène exprimable en chiffre, l'évolution peut se représenter soit par un tableau arithmétique, soit par une courbe, (qui en est la traduction géométrique). Il est naturel de comparer entre elles ces courbes pour voir si elles présentent quelque rapport constant. Si l'on ne trouve aucun rapport, on en conclut que les faits sont le produit de causes indépendantes. Si les courbes varient ensemble, on conclut que les évolutions sont liées entre elles par quelque lien de cause à effet, soit direct, soit indirect. Mais il est impossible par ce procédé de distinguer si le lien est direct ou indirect ; c'est ce qui arrive quand on compare les courbes de la criminalité et de l'instruction, ou les variations des prix et le nombre des grèves, ou le nombre des mariages et le prix du pain. Et même ce n'est pas la seule inspection des chiffres qui a donné l'idée de supposer un lien; c'est une hypothèse qu'on a imaginée pour des raisons psychologiques et qu'on cherche à vérifier par les chiffres. C'est que dans les phénomènes sociaux les conditions matérielles et les produits ou les actes humains sont les seuls faits qu'on atteigne par des procédés statistiques. Or les actes et les produits ne sont que des effets de phénomènes internes. Quant aux conditions, elles sont tout au plus des limites négatives. Certaines conditions sont nécessaires pour qu'il se produise un phénomène social (il ne peut pas se créer une ville sans nourriture), mais jamais elles ne sont suffisantes pour le produire, il y faut toujours des hommes.

Les causes au sens scientifique, c'est-à-dire les conditions déterminantes des faits sociaux, sont toujours des états intérieurs, des motifs; or, aucun procédé statistique n'atteint les états intérieurs. Voilà pourquoi, pour expliquer toute évolution sociale, il faut remonter à une cause psychologique, par conséquent faire intervenir une espèce de phénomènes qui échappe à toute méthode statistique.

Pour l'explication dernière des évolutions, comme des faits eux-mêmes, il faut donc recourir à une méthode psychologique, qui est celle de l'histoire. Lorsqu'un fait social a changé soit de quantité, soit de forme, cette évolution a eu pour cause un changement ou dans les conditions extérieures ou dans l'état intérieur des hommes. Il faut donc se demander : Qu'y a-t-il de changé, ou dans les motifs des actes ou dans les conditions extérieures de ces motifs ? Et, pour se poser les questions avec précision, il faut dresser un questionnaire des changements possibles.

Ainsi pour comprendre la place d'un phénomène social dans la *durée* d'une société on revient au procédé employé pour comprendre sa place dans l'*ensemble* des phénomènes de la société.

Pour répondre aux questions il suffira de reprendre le questionnaire établi pour l'étude des phénomènes simultanés et de passer en revue toutes les grandes catégories de changements : de la race, du milieu, des habitudes intellectuelles, matérielles, économiques, des institutions, sociales, politiques, etc., qui peuvent être causes d'une transformation. On aura vite fait de distinguer l'espèce de changement qui aura pu agir sur l'évolution particulière qu'on étudie.

Il faut ici se tenir en garde contre la tendance naturelle à se représenter chaque espèce de phénomène social, isolé par l'abstraction, comme un être réel qui évoluerait par une force propre, à la façon d'un organisme. On a parlé de la « vie des mots », de « l'évolution des genres littéraires », de la vie des croyances ou des règles de droit ou des institutions. C'est une métaphore dangereuse. Un mot, un genre artistique, une croyance, une institution ne sont que des abstractions. Une abstraction n'évolue pas au sens réel, il n'y a que des êtres qui évoluent. C'est un grand danger en histoire de se laisser aller à faire la biographie d'êtres imaginaires, tels que l'Eglise, la royauté, la Bourse, la spéculation. On peut employer ces mots abstraits pour abréger; mais quand on travaille à comprendre les réalités, il faut avoir toujours soin d'écarter ces fantômes et de remonter dans la recherche des causes jusqu'au moment où on atteint des hommes.

La recherche conduite au moyen du questionnaire nous amène à découvrir les changements de motifs qui ont produit l'évolution. Ils nous apparaissent d'abord confusément comme les motifs d'un groupe d'hommes. On aperçoit en gros par exemple chez un peuple chrétien que la crainte de l'enfer a diminué, ce qui explique l'accroissement des suicides.

Mais ces motifs collectifs ne sont intelligibles que comme une somme de motifs individuels. Et on se trouve ainsi ramené à se représenter des individus, à se les imaginer tels qu'ils étaient au commencement de l'évolution, puis tels qu'ils ont été à la fin et à se demander ce qu'il y a eu de changé en eux ou autour d'eux, qui ait pu produire le changement constaté par l'étude analytique de l'évolution.

Le changement social peut se produire de deux façons, qu'il est nécessaire de savoir distinguer : 1° Ou bien les hommes changent *réellement*, en un point quelconque, leur façon d'agir ou leurs règles d'action, — soit volontairement parce que leurs idées sur ce point ont changé, — soit par la contrainte des conditions matérielles, — soit par la pression de leur gouvernement ou de l'opinion de gens dont ils dépendent. 2° Ou bien les hommes qui agissaient d'une certaine façon au début de la période sont morts et ils ont été remplacés par d'autres hommes (soit leurs descendants, soit des étrangers), qui procèdent autrement qu'eux, parce qu'ils ont d'autres motifs ou d'autres habitudes.

L'humanité se renouvelle par un changement continuel des générations; c'est le phénomène fondamental de l'histoire; et c'est probablement la cause capitale de l'évolution sociale. Ainsi se produisent les évolutions dans les corps constitués (clergé, corporations, corps de fonctionnaires); le corps conserve un même nom, mais tous les membres sont renouvelés. Cette continuité du nom donne l'illusion, si l'on n'y prend garde, d'une évolution organique du corps. De même, pour le corps social dans son ensemble, l'évolution doit être expliquée en tenant compte du renouvellement des générations. Ce phénomène fondamental s'impose à l'attention de l'historien, à moins qu'il ne soit très irréfléchi ; mais il peut fort bien échapper à l'homme des sciences sociales, qui étudie des évolutions beaucoup plus courtes, où le renouvellement des générations est moins apparent.

L'explication des évolutions par des changements psychologiques a sur les procédés statistiques l'avantage d'être intelligible, mais elle reste une hypothèse. Elle permet de trouver la cause *probable* du changement social, elle ne peut pas prouver qu'il n'y en ait pas eu d'autre cause. Pour arriver à une démonstration scientifique il faudrait appliquer un procédé dont on n'a fait que très rarement un usage méthodique en histoire et qu'on n'a pas eu occasion d'appliquer rigoureusement en science sociale, la *comparaison* de plusieurs évolutions.

Il ne suffirait pas de comparer l'évolution d'un seul phénomène spécial dans plusieurs groupes sociaux indépendants; c'est ce qu'on a essayé de faire dans la linguistique comparée, la mythologie comparée, le droit comparé ; on compare l'évolution d'un mythe ou d'une règle de droit chez les Grecs, les Romains, les Germains. Cette comparaison d'abstractions ne fait pas connaître les causes des transformations, elle ne sert qu'à en définir plus nettement les caractères. C'est sur l'*ensemble* des sociétés qu'il faudrait opérer, en comparant les évolutions de plusieurs ensembles. On verrait alors quels sont les phénomènes qui manquent ensemble dans plusieurs évolutions et ceux qui s'y trouvent ensemble, ceux qui ne se trouvent jamais ensemble et ceux qui tantôt s'accompagnent, tantôt se séparent. A défaut de l'expérimentation, qui seule permet d'isoler réellement les phénomènes, la comparaison des ensembles est le seul procédé pour constater quels phénomènes sont généralement liés ensemble et lesquels sont indépendants. Mais cette opération ne peut se faire ni par une méthode purement sociale sur une seule société observée pendant une courte durée de temps, ni par une méthode purement historique sur des sociétés observées sans précision. Elle ne sera possible que lorsqu'on arrivera à combiner les méthodes des sciences sociales avec la méthode historique. Alors seulement pourra être constituée la science des sociétés humaines et de leurs transformations.

DEUXIÈME PARTIE

LA MÉTHODE HISTORIQUE ET L'HISTOIRE SOCIALE

CHAPITRE XI

LES DIFFÉRENTES ESPÈCES D'HISTOIRE

I. *Formation de l'histoire.* — L'histoire dans l'antiquité, au moyen âge, à la Renaissance. — Les histoires spéciales et l'histoire générale. — Naissance des histoires spéciales, histoire universelle, histoire générale.

II. *Rapports entre l'histoire et les sciences sociales.* — Les sciences sociales en tant que sciences documentaires emploient la critique historique. — Nécessité de l'étude du passé en science sociale. — Divisions de l'histoire sociale.

I. — L'histoire est une création des Grecs ; mais leur mot ἱστορία (témoignage) est vague et ne correspond pas à ce que Thucydide et Polybe ont fait de l'histoire. C'est essentiellement le récit des faits humains qui paraissent assez intéressants pour être racontés, notion vague qui laisse une variété extrême dans le choix des faits, soit pour l'étendue du terrain, soit pour l'espèce des faits eux-mêmes. L'étendue du terrain à observer s'est vite agrandi, depuis le petit monde des cités grecques jusqu'à la conception d'une histoire s'étendant sur tout le champ connaissable de l'humanité ; déjà avec Polybe apparaît l'histoire universelle, l'histoire du monde civilisé connu. Cette conception universaliste de l'histoire s'est transmise par les écrivains ecclésiastiques du IVe siècle (saint Jérôme, saint Augustin), aux chroniqueurs des siècles barbares ; combinée avec une division tirée des Apocalypses, la succession des grandes monarchies, elle se perpétue à travers tout le moyen âge jusqu'au *Discours sur l'histoire universelle* de Bossuet.

Quant à l'espèce de faits qui doivent faire la matière de l'histoire, les anciens ont oscillé entre deux méthodes :

1° Choisir systématiquement les faits qu'il peut être utile de connaître pour la pratique ; c'est la conception de Thucydide, formulée par Polybe. L'historien recueille ce qui peut servir d'enseignement aux hommes d'État et de guerre. On aboutit à l'histoire militaire et diplomatique qui a conservé jusqu'à nos jours une place prépondérante dans le travail historique.

2° Prendre sans choix les faits conservés par la tradition écrite ou orale ; c'est le système des *Annales*, d'origine grecque, mais devenu classique chez les Romains. L'historien reproduit tout, y compris les prodiges, les accidents, les inondations (il en reste des traces dans Tite-Live et dans les *Annales* de Tacite).

Puis viennent les préoccupations littéraires ; l'historien cherche les occasions de discours (comme Tite-Live) ou de remarques morales et psychologiques (comme Tacite). L'histoire devient alors un récit composite où la leçon de choses pratique est combinée avec une œuvre d'art oratoire. C'est dans cette forme qu'elle a été imitée au moyen âge par quelques chroniqueurs (en latin puis en langue vulgaire) et qu'elle a été restaurée par les historiens de la Renaissance et leurs successeurs. Jusqu'au XVIIIe siècle on ne voit pas de progrès dans la conception de l'histoire ; aucun des historiens du XVIIe siècle n'a une supériorité scientifique sur les historiens de l'antiquité.

La transformation de l'histoire en étude scientifique est venue d'un autre côté. Avec la naissance de l'érudition s'était introduit l'usage d'étudier les textes antiques et de les commenter en décrivant les faits de toute nature qui y sont rapportés (ce qu'on appelait en Allemagne les *realia*). On s'était mis aussi à réunir des documents et des faits sur les habitudes, les institutions, la langue, l'écriture du moyen âge. Ainsi se sont formés les traités spéciaux et les répertoires (par exemple le *Glossaire* de Du Cange) ; quelques-uns avaient un caractère pratique, juridique ou théologique. De ce mouvement confus et très long — il commence même avant le XVIe siècle pour le droit romain —, se sont enfin dégagés des systèmes méthodiques d'études. On les a désignés longtemps par un nom général vague (antiquités, archéologie).

Peu à peu, surtout dans les Universités allemandes, on a commencé à étudier les faits par une méthode historique et à les grouper en ordre chronologique. Alors ont été constituées les histoires spéciales de l'écriture, de la langue, de l'Église, de la religion, du droit, des littératures, de l'architecture, de la sculpture, des institutions, des mœurs, etc. Chacune de ces histoires spéciales reste une partie intégrante de l'histoire totale ; mais elle devient une branche autonome, constituée avec son personnel de travailleurs spéciaux et ses traditions spéciales. Comme les historiens avaient gardé l'habitude de s'occuper à peine des faits de cette espèce, c'est en dehors d'eux que se sont créées ces histoires spéciales. Elles ont pris l'allure de sciences indépendantes. A cause de l'énorme quantité des faits spéciaux, il est devenu pratiquement impossible de les étudier de front avec l'histoire non spécialisée ; et il a fallu séparer chacune d'elles en tranches chronologiques et géographiques, suivant les peuples et les périodes ; chaque branche d'histoire spéciale a été divisée en sections. On a eu ainsi des histoires de la religion, du droit, de la littérature, — d'Égypte, d'Assyrie, des Grecs, des Romains, de France, d'Angleterre, — du moyen âge, modernes, contemporaines.

A mesure que ces branches se sont séparées, le terrain de l'histoire non spécialisée s'est rétréci. Les espèces de faits auxquels la vieille conception d'un enseignement pratique préparatoire à la vie publique donnait la plus large place dans l'histoire sont, elles aussi, devenues la matière d'histoires spéciales (histoire diplomatique, histoire militaire, histoire constitutionnelle). Elles ont conservé ce caractère, ou du moins ces prétentions pratiques et continuent à être enseignées comme préparation technique aux professions d'officier, de diplomate, d'homme politique.

Alors la conception de l'histoire proprement dite non spécialisée a traversé une crise. L'histoire universelle au sens exact, c'est-à-dire s'étendant à tous les peuples dans tous les temps, née dès l'antiquité, s'était élargie au XVIIIe siècle par la connaissance de pays inconnus autrefois, Inde, Chine, Japon et Amérique. C'est la conception de Voltaire dans son *Essai sur les mœurs ;* elle s'est transmise à Schlosser et par lui à l'école de Heidelberg ; la dernière *Weltgeschichte*, celle de Weber, est sortie de cette école.

Mais l'histoire universelle, devenue trop vaste, a été abandonnée dans la seconde moitié du XIXe siècle, au moins pour un temps [1]. On en est même venu en Allemagne à la tourner en ridicule, à la déclarer antiscientifique, reposant sur l'idée fausse d'une humanité conçue comme un corps. On a adopté un terme plus restreint *Allgemeine Geschichte*, terme très vague qui désigne surtout l'histoire des peuples entrés dans la civilisation occidentale (les peuples méditerranéens et atlantiques à l'exclusion de l'Extrême-Orient. Ce terme a été transcrit en français (*histoire générale*) avec le même sens vague.

Une série d'histoires spéciales (histoires des mœurs, des arts, des religions, des institutions, etc.), si complète qu'elle soit, ne suffirait pas à faire connaître l'évolution des sociétés ni l'histoire du monde, parce qu'elle ne donnerait qu'une description d'abstractions successives. Entre tous ces phénomènes spéciaux, c'est-à-dire abstraits, il y a eu un lien concret, ils ont été les phénomènes qui se sont produits dans les mêmes hommes ou qui ont été produits par eux. Et ces hommes ont eu en *commun* certaines aventures (migrations, guerre, révolutions, découvertes) qui sont la cause *commune* des

(1) A la fin du XIXe siècle apparait une « Weltgeschichte », rédigée en collaboration sous la direction de Helmolt (en cours de publication); mais elle repose sur une idée nouvelle, géographique, non historique

évolutions spéciales dans diverses espèces de phénomènes. Si on étudiait abstraitement, par exemple, l'histoire de chaque branche d'activité humaine (institutions, arts, croyances) en Gaule jusqu'au VIIe siècle, on verrait les institutions et les arts changer brusquement au Ier siècle avant Jésus-Christ, puis au Ve siècle après, sans aucune raison intérieure; on aurait une évolution inintelligible par elle-même. Toutes ces histoires spéciales ne deviennent intelligibles que par l'histoire non spéciale qui nous apprend la conquête romaine et l'invasion des barbares. L'histoire générale, c'est en réalité l'*histoire commune*. Voilà pourquoi, lors même que toutes les branches spéciales seraient constituées, il resterait toujours un résidu indispensable à la connaissance du passé ; ce serait l'histoire générale, l'histoire commune. Son caractère, c'est d'être une description de la réalité concrète, de raconter les actes ou les aventures de l'ensemble des hommes qui ont formé la société ; c'est ainsi qu'elle forme le lien entre les histoires spéciales. — En fait, ces événements communs qui relient et dominent les activités spéciales sont surtout ceux qui atteignent la masse de la population et modifient son état général : les transferts de population par colonisation, invasion, transplantation ; la création de centres de population ; la création ou la transformation de systèmes généraux de groupement entre les hommes (État, Église). De là vient l'importance de l'histoire politique ; ainsi s'explique qu'elle forme la partie la plus considérable de l'histoire générale.

II. — Quel rapport les sciences sociales ont-elles avec l'histoire? Elles ont besoin, comme toute science, d'abord de constater des faits, puis de les grouper.

J'ai indiqué plus haut (p. 5 et 14) la part de la méthode historique dans la détermination des faits qui forment la matière de ces sciences. Ces faits sont obtenus par trois procédés :

1° Par l'*observation* directe des faits actuels ;

2° Par l'étude de *documents* relatifs à des faits *actuels*, que pour des raisons pratiques on n'a pas le temps ou le moyen d'observer ;

3° Par l'étude de *documents* relatifs à des faits *passés*, qu'il est devenu impossible d'observer.

Tant que la science sociale emploie seulement l'observation, elle n'a rien à demander à la méthode historique. Mais ce procédé est presque toujours insuffisant pour réunir la masse de faits nécessaires à une étude sociale. Il faut alors recourir au document, même pour la connaissance des faits actuels, et le document ne peut être étudié que par la méthode historique.

La différence entre la méthode historique et la méthode scientifique d'observation directe tient uniquement à la différence de valeur entre un document et un procès-verbal d'observation. Le procès-verbal est une observation bien faite, c'est-à-dire faite suivant une méthode rigoureuse d'observation et de rédaction; le document est un procès-verbal mal fait, c'est-à-dire sans méthode. Le procès-verbal peut être utilisé sans autre opération de méthode, puisque l'opération a déjà été faite par l'auteur; le document ne peut être employé qu'après un examen destiné à suppléer au défaut de méthode du rédacteur; cet examen c'est la critique. La critique est indispensable à toutes les sciences historiques, parce qu'elles sont toutes des sciences *documentaires*.

Les sciences sociales, dans la mesure où elles emploient des renseignements écrits rédigés sans appliquer une méthode rigoureuse, sont aussi des sciences documentaires; elles ont donc besoin de l'opération préalable de la critique, elles appliquent la méthode historique. On peut, il est vrai, concevoir un état de la science où toutes les observations et les statistiques sociales auraient été faites suivant une méthode correcte et uniforme, comme le sont les opérations des sciences constituées (chimie, biologie); alors on n'aurait plus besoin de documents, on ne travaillerait plus que sur des procès-verbaux scientifiques, la méthode historique deviendrait inutile. Mais cet état est loin d'être réalisé et, tant qu'il ne le sera pas, tant qu'il restera des documents, il faudra les traiter par la méthode historique.

Une fois les faits recueillis, la deuxième série d'opérations de la science consiste à les grouper. On pourrait concevoir un groupement fait uniquement en rapprochant les faits observés dans le présent, sans faire intervenir aucune connaissance historique. Mais il est très probable qu'en fait la connaissance du présent ne suffit pas pour construire une science des phénomènes sociaux, même actuels. On peut étudier les phénomènes physiques ou chimiques exclusivement dans le présent, parce qu'il s'agit de constater des relations qui ont été les mêmes de tout temps. Mais déjà les phénomènes biologiques ne sont plus entièrement intelligibles, tant qu'on ne fait pas intervenir l'évolution, c'est-à-dire le passé. Et les sociétés humaines ne sont pas intelligibles du tout si l'on ne remonte à quelques années au moins en arrière; car tous les phénomènes sociaux sont ou des conditions ou des habitudes ou des conventions; pour les comprendre il faut remonter au moins à la formation de l'habitude, de la condition, de la convention. En outre il faut pouvoir comparer les formes variées que présentent les phénomènes dans différentes sociétés; il y a donc une part d'histoire dans toute science sociale.

En fait les études de phénomènes sociaux sont d'ordinaire accompagnées d'une étude historique, sous forme de préambule. Les répertoires de sciences sociales, tels que le *Handwörterbuch der Staatswissenschaften*, contiennent des articles d'histoire qui exposent l'évolution des principaux usages économiques, parfois même depuis l'antiquité.

L'histoire au sens vulgaire, c'est-à-dire l'étude des faits passés, tient ainsi une place incontestée dans les sciences sociales. Cette histoire ne peut évidemment être faite que par la méthode historique. C'est l'application de la méthode historique à l'histoire sociale qui est le sujet de la seconde partie du présent ouvrage. J'y étudie les difficultés spéciales à cette espèce d'histoire; je cherche comment elle pourra arriver à se constituer, avec quelles précautions spéciales, avec quelles lacunes; j'essaie enfin de trouver les rapports entre cette histoire et les autres branches d'histoire, afin de voir comment l'évolution des faits sociaux (au sens étroit) agit sur l'évolution des autres faits historiques, c'est-à-dire humains, et inversement.

L'histoire sociale au sens étroit dont il sera ici question, n'est qu'une partie de l'histoire des sociétés. J'ai donné plus haut un tableau d'ensemble des principales espèces de phénomènes humains, je donne ici un tableau sommaire des branches de l'histoire[1].

I. Conditions matérielles. — *Anthropologie. Démographie. — Étude du milieu naturel et artificiel, géographie physique et économique.*

II. Habitudes intellectuelles. — *Langue. Arts. Sciences. Philosophie et morale. Doctrines économiques. Religion, croyances et pratiques.*

III. Coutumes matérielles. — *Vie privée.*

IV. Coutumes économiques. — *Production agricole. Transports et industries. Commerce. Répartition des objets.*

V. Institutions sociales. — *Famille. Organisation de la propriété de famille et des successions. Éducation et instruction. Classes sociales.*

VI. Institutions publiques. — *Institutions politiques, ecclésiastiques, internationales.*

L'histoire sociale comprend toute la quatrième catégorie (coutumes économiques), des fragments de la première catégorie (démographie) et de la deuxième (doctrines économiques). Elle se lie seulement par des actions réciproques à la troisième, à la cinquième et à la sixième.

(1) Voir plus haut page 138. Voir aussi Langlois et Seignobos. *Introduction aux études historiques.*

CHAPITRE XII

ÉTAT DE L'HISTOIRE SOCIALE

I. *Comparaison de l'état des différentes histoires.* — Monographies. — Manuels spéciaux et généraux. — État arriéré de l'histoire sociale.

II. *Raisons de cette infériorité provenant de la nature des faits.* — Caractère extérieur des faits, caractère subjectif des documents, facilité plus grande d'atteindre la partie subjective des faits. — Histoire des doctrines.

III. *Raisons de l'infériorité provenant de l'espèce des documents.* — Documents rédigés, documents conservés, documents publiés. — Préférence donnée aux documents narratifs, littéraires, éducatifs, pratiques.

I. — L'histoire des faits sociaux au sens restreint, c'est-à-dire des faits économiques et démographiques, est moins avancée que toutes les autres branches de l'histoire. Le fait ne peut guère être contesté. Il suffit de comparer l'état de l'histoire sociale et des autres histoires sous les formes diverses que prend le travail historique, monographies, histoires partielles, manuels généraux ; partout on arrive au même résultat : le travail est moins avancé en matière d'histoire sociale.

Pour les monographies, la démonstration ne pourrait se faire que par un relevé bibliographique. Mais il suffit de parcourir les bibliographies nationales, Waitz pour l'Allemagne, Monod pour la France, Gross pour l'Angleterre, Pirenne pour la Belgique, Channing et Hart pour les États-Unis; on sera frappé du petit nombre des études importantes en matière sociale, encore la plupart sont-elles très récentes.

La forme normale à laquelle aboutit le travail historique, quand on commence à posséder assez de résultats de monographies pour formuler des conclusions d'ensemble, c'est l'histoire particlle d'une période, d'un pays, d'une espèce de faits, — par exemple l'histoire de la littérature ou des institutions d'un pays dans une période. Or, si l'on passe en revue les espèces de phénomènes qui sont les objets de l'histoire, on voit que toutes les branches spéciales sont constituées (sauf les cas où les documents font absolument défaut), quelques-unes même depuis le milieu du XIXe siècle. On a fait l'histoire des races humaines (l'anthropologie), la description géographique du monde (milieu naturel et milieu artificiel), l'histoire des langues (c'est une des plus avancées), l'histoire des arts, des littératures, des sciences, de la philosophie, des religions; l'histoire de l'alimentation, du costume, de l'architecture, du mobilier, des usages; l'histoire des institutions privées (histoire du droit);

l'histoire des institutions politiques, ecclésiastiques, internationales. On l'a faite pour tous les pays, et tous les temps, pour l'Egypte, la Grèce, les Romains, les peuples européens, les États-Unis, pour l'antiquité, le moyen âge, les périodes modernes. Il ne reste presque plus de champ inexploré ; il y a des histoires mal faites, qui seront à refaire, mais il ne reste plus guère de lacunes, — (sauf dans une branche, l'histoire de la morale réelle, c'est-à-dire l'étude de la conduite réelle des hommes, parce que la question ne pourra être posée nettement tant qu'on ne connaîtra pas l'ensemble des actes et des habitudes, y compris la vie économique). — Quant à l'histoire générale, qui domine toutes les histoires spéciales, elle est faite pour tous les pays européens, et pour tout le cours des temps depuis l'antiquité.

L'histoire des faits sociaux est beaucoup moins avancée. La démographie rétrospective est à peine ébauchée et pleine de conjectures. L'histoire statistique des phénomènes les plus simples, l'histoire des prix, a été esquissée en Angleterre par Tooke, puis par Thorold Rogers qui a eu en France un imitateur malheureux ; mais ce ne sont guère que des essais sans méthode et sans critique.

L'histoire des faits économiques n'a été commencée que longtemps après toutes les autres et est restée beaucoup moins avancée. Il n'y a pas encore d'histoire de l'agriculture dans chaque pays. L'histoire de l'agriculture en Allemagne est récente ; celle d'Inama-Sternegg est loin d'être achevée et, bien que fort supérieure aux essais antérieurs, elle est bien loin d'aboutir à des conclusions incontestables. — L'industrie en est encore à des monographies (sauf pour l'Angleterre le livre de Cunningham, dont la période moderne seule a une valeur historique). — L'étude des transports est encore mélangée à celle du commerce ; l'histoire du commerce et du crédit elle-même est encore très incomplète. Il n'existe aucune histoire d'ensemble depuis le vieil essai de Scherer qui date de 1855. Goldschmidt n'a étudié que l'histoire du droit commercial. Toute cette branche n'est guère représentée que par des monographies sur des institutions spéciales, chemins de fer, Bourse, traités de commerce, etc.

Parmi les institutions privées qui sont la matière de l'histoire du droit, les mieux connues sont la propriété foncière, la famille, le régime des successions ; la partie la moins avancée est justement celle qui touche aux sciences sociales, l'organisation des classes. Le régime fiscal, qui est le mieux connu des phénomènes économiques, est une portion des institutions politiques.

Ainsi les autres branches d'histoire sont déjà arrivées à la forme d'histoires partielles qui en se juxtaposant forment un tableau presque complet ; l'histoire sociale en est presque partout encore à la période des monographies.

Une autre marque de l'état arriéré de ces branches d'histoire, c'est la place qu'elles tiennent dans les manuels d'ensemble. Il en existe trois formes.

1° Les manuels d'histoire générale (ou histoire universelle) étudient les phénomènes généraux communs, et expliquent l'évolution des phénomènes spéciaux ; on y décrit surtout les faits politiques, et les transferts de populations. Il est probable que les phénomènes économiques ont aussi une action générale sur l'évolution des sociétés ; ils devraient donc former une partie considérable de l'histoire générale ; et pourtant à peine sont-ils mentionnés dans les histoires générales, Grote, Curtius, Busolt, Meyer, Duruy, et les histoires de la collection de Gotha et de l'*Allgemeine Geschichte* de Oncken ; on leur a concédé quelques chapitres, exclusivement relatifs à la France dans l'*Histoire générale* de Lavisse et Rambaud.

2° Les manuels spéciaux d'une branche de l'histoire existent déjà pour certaines branches, histoire des

(1) Beloch a essayé de leur faire une part plus large dans son *Histoire grecque*, mais ses théories restent le plus souvent conjecturales faute de documents.

religions, de la théologie, des sciences, du droit privé, de la littérature, du droit public. Il n'existe pas de manuel parallèle pour l'histoire des phénomènes économiques. Ce qui en tient lieu, le *Handwörterbuch der Staatswissenschaften* est le produit d'un effort vigoureux de collaboration ; mais on peut y voir, par la bibliographie même des articles historiques, que ces études sont encore à l'état de monographies. On n'a pas trouvé de cadre pour organiser ces monographies; on les a présentées sous forme d'articles isolés, rassemblés seulement en un répertoire alphabétique.

3° Les manuels généraux d'une période de l'histoire, qui sont la forme la plus achevée de concentration du travail historique, existent déjà pour l'antiquité ; ce sont les *Alterthümer;* le travail le plus complet paraît depuis une vingtaine d'années en éditions successives sous le nom de Iwan Müller. Ils commencent pour le moyen âge, avec les *Grundriss* de Paul et de Gröber, donnés en annexe à l'histoire des littératures germaniques et romanes. Il suffit de regarder la place que tiennent dans ces manuels les faits économiques, en proportion des autres branches. Dans la collection de Iwan Müller en 9 volumes (quelques-uns énormes), ces faits forment une petite partie d'une section des *Privatalterthümer*. Ils occupent encore moins de place dans les *Grundriss*. Évidemment l'étude du passé n'a pas pénétré profondément dans l'histoire sociale.

On peut constater une disproportion analogue dans les bibliographies périodiques. Il suffit de se reporter à Langlois, *Manuel de Bibliographie historique*, 2e éd. 1901, ou à la *Zeitschrift für Literatur und Geschichte der Staatswissenschaft* qui se publie depuis 1893.

Cette infériorité tient en partie à la formation tardive de l'histoire sociale. Ce n'est pas avant la seconde moitié du XIXe siècle qu'il s'est formé un groupe de spécialistes de l'histoire économique ; et, depuis que cette branche est représentée comme les autres par des professeurs spéciaux, les progrès, surtout en Allemagne, sont devenus rapides. Mais ce retard provient aussi de difficultés spéciales à cette histoire, difficultés d'espèces différentes qui tiennent les unes à la nature des faits sociaux, d'autres à la nature des documents de l'histoire sociale, d'autres au degré de connaissance nécessaire en ces matières, d'autres enfin à la forme que prend l'évolution des faits sociaux.

II. — La nature des faits de l'histoire sociale les rend plus difficiles à atteindre que la plupart des faits qui sont la matière des autres branches d'histoire. Sauf les doctrines économiques, ils ont tous ce caractère d'être des faits extérieurs à celui qui les décrit. Tous les faits atteints par la statistique (démographie) sont des faits matériels. Tous les faits économiques sont des actes et des usages matériels, modes de culture, technique des industries, organisation du travail, transports, même le commerce et les opérations de vente, de spéculation, de crédit. La partie subjective de toutes ces opérations se réduit à des représentations et des motifs; mais il faut toujours connaître le résultat, les actes extérieurs. L'histoire sociale est donc essentiellement l'histoire de faits matériels visibles qui ont une conséquence matérielle.

Il semble d'abord que ce soit pour cette histoire une garantie de plus grande certitude; elle étudie des faits réels, non des imaginations subjectives, elle sera donc plus réelle, plus certaine. C'est l'illusion d'Auguste Comte, qui l'a conduit à prendre la sociologie pour une science *positive* opposée à la psychologie, fantaisie subjective, et qui l'a amené à passer directement de la physiologie (objective) à la sociologie (objective), en sautant par-dessus la psychologie. Elle s'explique par la méthode de travail d'Auguste Comte qui jamais n'avait opéré sur un document historique et ignorait le caractère forcément subjectif des documents et des faits sociaux.

Il existe, il est vrai, des monuments matériels du passé, des objets anciens conservés qu'on peut étudier objectivement. Ce sont des débris réels, d'ossements ou de cuisine, ou d'instruments, avec lesquels on fait la paléontologie, et l'anthropologie préhistorique; — ou des monuments au sens vulgaire qui fournissent la matière de l'histoire de l'architecture; ou des objets de tout genre, bijoux, armes, étoffes, meubles, œuvres d'art, statues, tableaux, outils, instruments. Mais ces objets n'ont de rôle en sciences sociales que pour l'histoire de la technique. En pratique on ne fait guère l'histoire sociale qu'avec des documents, figurés ou écrits qui ont pour caractère fondamental d'être subjectifs (voir p. 25); que ce soit un document figuré (dessin, représentation) ou un écrit, le procédé de transcription seul diffère; dans les deux cas ce sont les interprétations qu'un auteur a données de choses extérieures; le document ne donne que le résultat du travail d'esprit de l'auteur, c'est-à-dire d'une opération subjective.

Ce caractère forcément subjectif de tous les documents n'a pas seulement des conséquences capitales pour la méthode, il explique pourquoi la certitude est plus difficile à atteindre en histoire sociale. Ce qu'on atteint d'abord dans un document, ce sont les conceptions de l'auteur, les images qui forment le mobilier de son esprit. C'est seulement par raisonnement à partir de ces conceptions qu'on arrive à conclure aux réalités extérieures que l'auteur a connues; en tout cas on n'y arrive qu'indirectement, par un détour, et où l'on a grand'chance de se tromper, car ce raisonnement repose toujours sur des bases chanceuses (voir p. 78).

La connaissance historique la moins sujette à erreur, c'est celle qu'on atteint le plus directement et c'est précisément la connaissance des conceptions, non des faits. Elle est la seule qu'on puisse établir par un seul document. Il suffit d'un seul texte pour prouver l'existence d'un mot, d'une forme verbale, d'une doctrine, d'une forme artistique, d'une proposition philosophique ou scientifique, d'une règle de droit. Si l'auteur introduit une de ces conceptions dans son document, c'est que cette conception existait dans son esprit; ce seul exemple prouve l'existence de la conception. Donc les histoires les plus faciles à établir parce qu'elles demandent le moins de comparaison de documents, les histoires les plus certaines parce qu'elles supposent le moins de raisonnement, ce sont les histoires de faits subjectifs. Voilà pourquoi les branches d'histoire les plus vite constituées ont été les histoires des langues, des littératures, des religions, des arts, de la philosophie, du droit. Au contraire l'histoire des faits extérieurs oblige toujours à des discussions sur la valeur des documents, à une critique de la sincérité et de l'exactitude de l'auteur ; comme un mensonge ou une erreur est toujours possible, elle ne permet jamais de conclure d'après un document unique, elle exige un travail de comparaison ; elle est la plus longue à constituer et la plus contestable.

Les faits extérieurs ne sont pas tous également difficiles à établir. Il est d'autant plus facile de les atteindre qu'ils contiennent une part plus grande de conception, par conséquent de faits subjectifs connus directement. Or une bonne part de l'histoire extérieure des faits politiques est dans ce cas. L'étude des règles officielles (qui forme presque toute l'histoire des institutions) est de même nature que l'étude du droit ; elle se contente d'atteindre des formules politiques, lois, règlements, arrêts, qui sont des conventions. Les actes réels se dissimulent sous les déclarations officielles, comme la pratique réelle du droit se cache sous les formes juridiques ; surtout pour les époques anciennes nous connaissons beaucoup plutôt les conceptions et les règles que les actes politiques. Que se passait-il réellement à l'Agora, au Forum, dans le Sénat romain ? Nous ne le savons guère, nous connaissons tout au plus ce qui était censé s'y passer. Et nous ne sommes pas mieux instruits pour les cours de justice féodale. En ces matières nous n'atteignons guère que des formes; il est vrai que la connaissance des formes a déjà une valeur. Il reste cependant des actes réels, qu'il est nécessaire de connaître pour comprendre l'histoire générale; ce sont les invasions, guerres, émeutes, persécutions, qui changent les conditions réelles de la vie. Mais ces actes sont par leur nature même plus frappants pour l'imagination, ils laissent beaucoup plus de traces subjectives dans l'esprit des auteurs et par suite dans les documents que les faits continus et monotones de la vie économique. Ainsi, par suite de la nature objective des faits sociaux, l'histoire en est plus difficile à constituer avec certitude.

La conséquence, c'est que dans toutes les sciences sociales la seule partie qui puisse être rapidement et sûrement constituée, c'est la partie subjective, l'histoire des doctrines économiques ou sociales, qui n'est guère qu'un fragment de l'histoire des sciences ou de la philosophie. Voilà pourquoi les professeurs de science sociale s'y sont plus volontiers renfermés. Quand un enseignement social s'est créé, il a commencé d'ordinaire par prendre pour sujet l'étude des doctrines sociales, plutôt que l'histoire des phénomènes sociaux. Cette préférence est conforme à la marche normale de la connaissance dans toutes les études qui opèrent par la méthode historique. Mais c'est aussi une présomption qu'une branche d'histoire est peu avancée, quand ceux qui la professent font porter leurs recherches et leur enseignement sur les doctrines plus que sur les faits extérieurs.

III. — Une seconde difficulté de l'histoire sociale tient à la nature des documents historiques, et aussi à la nature des publications de documents, — qui pratiquement importe presque autant, car un document manuscrit n'est guère utilisable ; l'histoire ne se fait pas avec des manuscrits.

Le caractère général habituel des documents est d'être rédigés pour d'autres raisons que des raisons scientifiques. C'est même le caractère propre du document que l'auteur ait eu un autre but que d'observer et de décrire exactement la réalité. Or, parmi les faits humains, les faits sociaux sont ceux qu'on a le moins de motifs non scientifiques de regarder et de rapporter. Pour quels motifs rédige-t-on un document ?

Les documents narratifs sont écrits pour conserver la mémoire des faits *mémorables*, c'est-à-dire des faits qui frappent l'imagination, ou des faits auxquels la vanité est intéressée. Les premiers documents narratifs sont des inscriptions de victoires, en Egypte, en Assyrie, en Perse; puis viennent les histoires de peuples ou de princes, remplies des actes des rois et des chefs, des guerres, des révolutions. Les seuls faits économiques frappants sont les famines. De là le petit nombre de renseignements économiques donnés par les histoires, et même plus tard par les « papiers nouvelles », gazettes et journaux, jusqu'au temps où s'y introduisent les annonces commerciales.

Les documents littéraires sont faits pour plaire au public ; on lui donne ce qu'il aime, de la poésie, de l'éloquence, du comique, du romanesque. On n'a aucune raison d'y mentionner les faits sociaux ; le public vit plongé au milieu de ces faits, il les voit trop souvent pour avoir aucun désir de les entendre décrire ; aussi les œuvres littéraires ne donnent-elles presque pas de renseignements à l'histoire sociale.

Les documents éducatifs sont destinés à communiquer une doctrine, une croyance, une connaissance, une règle ou des rites. Dans cette classe rentrent tous les ouvrages religieux ou philosophiques ou moraux ; tous les manuels et traités d'un art ou d'une science (grammaire, rhétorique, médecine), tous les livres de science, les formulaires de droit. On n'a pas de raison d'y décrire des faits sociaux, sauf par allusion dans le cas où un usage économique a des conséquences ; et alors on n'y met guère que des mentions éparses et obscures.

Les documents pratiques sont destinés à retrouver un fait ou à le prouver; ce sont les actes officiels, privés et publics, recueils de lois, registres, comptes, recensements, statistiques, rapports, enquêtes. C'est dans cette catégorie que se trouvent les renseignements les plus considérables pour l'histoire sociale. Mais d'abord ils sont très incomplets, les faits n'y sont pas décrits méthodiquement pour donner une connaissance d'ensemble, ils ne sont que rappelés dans la mesure où on a cru en avoir besoin pour un but pratique spécial ; ils laissent donc de grandes lacunes qui peuvent faire commettre d'énormes erreurs (par exemple en matière d'impôts). En outre, l'intérêt qu'on porte à ces documents est souvent limité à la génération qui s'en sert, il ne dure guère plus longtemps, sauf pour les preuves financières; le sort naturel des documents pratiques est donc de se perdre; en fait, il s'en est peu conservé jusqu'au moment où on a créé des archives publiques chargées de conserver sans distinction tous les papiers. Enfin ce sont des documents encombrants, très longs et sans valeur littéraire; on n'a pour les publier que des raisons scientifiques, et l'on publie de préférence ceux qui fournissent des renseignements politiques.

Toutes ces raisons expliquent pourquoi l'histoire sociale dispose d'un nombre si insuffisant de documents. La masse des documents relatifs à la période antique est presque entièrement étrangère à l'histoire sociale. Depuis l'antiquité jusqu'au XIe siècle on ne sait presque rien, on n'a pas un seul recensement sûr (pas même le *census* purement politique des citoyens romains). La vie économique reste donc obscure. Il n'est même pas besoin de remonter jusqu'à Boeckh. Que de conjectures hasardées, même dans les travaux les plus récents, dans Beloch, dans Mommsen ! Que de lacunes, incomparablement plus que dans aucun autre recueil de faits ! On connaît en gros l'organisation politique des cités antiques. Que sait-on de leur organisation économique ?

De même la publication des documents conservés est moins avancée pour l'histoire sociale que pour toute autre. On a préféré naturellement publier, ou les documents qui intéressaient le public le plus large, ou ceux que recommandait leur rareté, leur antiquité, et leur petit volume. On a donc publié d'abord toutes les œuvres littéraires, puis toutes les œuvres historiques, même les chroniques ou les annales les plus sèches; on a publié les traités d'art ou de science, les œuvres de doctrines ; on a reproduit les monuments artistiques, ou d'art industriel, les spécimens des vieilles écritures. Les préoccupations des éditeurs de documents ont été parallèles à celles des rédacteurs, ils ont cherché à atteindre le public. Or les documents économiques actuels intéressent peu le public, les documents rétrospectifs encore moins et pour les publier il faut un gros effort, car ils forment une lourde masse. On s'explique ainsi très bien qu'il ait fallu attendre beaucoup plus longtemps pour trouver les moyens de publier les documents économiques. Il a fallu pouvoir se passer du public et ne faire appel qu'à des fonds d'origine scientifique. L'entreprise est toute récente, on le verra en comparant dans la bibliographie de Waitz, *Quellenkunde der deutschen Geschichte*, édit. de 1894, les publications économiques de documents avec les recueils des autres branches d'histoire. Encore l'Allemagne est-elle plus avancée que les autres pays, parce qu'elle a maintenant des professeurs spécialistes d'histoire économique. En France le caractère dogmatique pris par l'économie politique a probablement empêché d'entreprendre le dépouillement méthodique des documents. En Angleterre il a été fait quelques essais individuels; et il semble qu'aux Etats-Unis on commence à organiser ce travail nécessaire de publication ; mais le mouvement en est encore à ses débuts.

CHAPITRE XIII

LA CONSTRUCTION DES FAITS SOCIAUX

I. *Nécessité de la construction.* — Faits simultanés et faits successifs.

II. *Procédé de construction des faits simultanés.* — Questionnaire, différence entre le questionnaire historique et le questionnaire d'enquête.

III. *Cadres de l'histoire sociale.* — Sections géographiques. — Questions à poser. — Tableau des phénomènes.

Un autre groupe de difficultés tient, non plus à la matière de la science sociale, c'est-à-dire aux faits isolés qu'il s'agit de constater, mais à la construction qu'on veut édifier avec ces faits, c'est-à-dire à la nature même de la science. L'examen de ces difficultés spéciales fournira un enseignement pratique sur les précautions à prendre et sur les lacunes inévitables de la science sociale, par conséquent sur ses limites et sur les terrains qu'on fera mieux d'éviter. Ces difficultés viennent de deux causes : 1° de l'étendue nécessaire des faits à connaître en science sociale ; 2° du caractère spécial de l'évolution en matière de faits sociaux.

I. — La première difficulté tient à l'étendue qu'on est obligé de donner à la construction historique en matière sociale. Il faut d'abord s'expliquer sur le sens précis de ce mot *construction*, que j'ai été obligé de créer pour désigner le dernier acte du travail historique. Quand on a étudié des documents par la méthode historique en leur appliquant les procédés de l'analyse et de la critique, on arrive, à la fin de toutes ces opérations, à déterminer seulement des produits d'analyse, c'est-à-dire des faits historiques isolés; par exemple : Il a existé une bourse du commerce à Anvers au XVIe siècle.

Il est évident qu'on ne peut laisser les faits tels qu'ils sortent du travail analytique, à l'état de fragments; à moins de se contenter d'un répertoire par ordre alphabétique. Dès qu'on veut essayer de les comprendre, il faut les coordonner.

Pour faire une science il faut réunir tous ces faits isolés en un ensemble, la *construction*. Le principe élémentaire[1] c'est de réunir les faits par deux systèmes de combinaison ; les faits simultanés pour obtenir un tableau des choses à un moment donné, les faits successifs pour atteindre les transformations et l'évolution. La construction historique définitive comporte donc toujours deux groupes d'opérations : 1° pour dresser le tableau des faits à un moment donné, description d'état ; 2° pour établir la série des change-

(1) Voir plus haut, page 124.

ments successifs dans le temps, détermination d'évolution. Cette méthode s'applique à tous les faits historiques, à toutes les histoires des usages de tous genre, costume, habitation, cérémonial, arts, lettres, religion, sciences, institutions politiques ; elle s'applique à toute l'histoire sociale, histoire de la vie économique, démographie et statistique rétrospectives, histoire des doctrines sociales.

II. — Pour grouper les faits il faut trouver un cadre de classement ; c'est une nécessité inévitable de toutes les sciences descriptives. On a vu plus haut (p. 120) que dans les sciences documentaires, on est réduit à le créer par un travail d'imagination et que ce cadre imaginé prendra forcément le caractère d'un questionnaire. C'est une nécessité que les historiens n'aiment pas à s'avouer. Dans les sciences sociales les travailleurs ne se font pas scrupule d'en parler ouvertement. La pratique des enquêtes les a familiarisés avec cette idée qu'on ne peut faire une enquête par écrit sans questionnaire. Or toute étude historique faite pour arriver à dresser le tableau soit d'une organisation, soit d'un ensemble d'usages, est une enquête rétrospective, elle comporte forcément un questionnaire.

Il y a donc une ressemblance essentielle entre

le questionnaire qui sert à diriger le travail d'une enquête sur un phénomène social contemporain et le questionnaire historique dressé pour l'étude d'un phénomène social passé. Dans les deux cas le travailleur détermine d'avance l'espèce de faits qu'il cherchera à rassembler et l'ordre dans lequel il les rangera. Or il ne peut dresser cette liste de questions et tracer ce cadre d'arrangement qu'en partant de la connaissance qu'il a déjà de phénomènes analogues à ceux qui vont faire le sujet de l'enquête. Pour dresser un questionnaire on se représente un ensemble analogue à celui qu'on veut étudier, et on l'analyse mentalement de façon à dégager un à un les détails sur lesquels devra porter l'enquête. Il faut donc avoir la connaissance d'un ensemble du même genre. Celui qui n'aurait aucune connaissance d'un syndicat ne pourrait pas dresser un questionnaire pour une étude de syndicat. Il en est exactement de même pour un historien, il ne pourrait dresser le cadre pour grouper des faits d'une espèce dont il n'aurait aucune idée.

Mais il y a des différences entre un questionnaire historique et un questionnaire pour l'étude de faits actuels. Pour une étude actuelle le questionnaire peut n'être qu'un guide provisoire ; en faisant l'enquête on se trouvera placé directement en présence de l'ensemble complet des faits, on sera amené naturellement à apercevoir les lacunes, les faits qu'on avait oubliés de prévoir, à voir ceux qu'on avait mal interprétés, ou mal classés ; la vue directe de l'ensemble rectifiera constamment les oublis ou les idées préconçues, le tableau tracé après l'enquête pourra être beaucoup plus complet et moins arbitraire que le questionnaire. Mais le questionnaire historique n'a pas cette ressource de l'observation postérieure. Il est vrai qu'on pourra trouver dans les documents la mention de faits auxquels on n'avait pas pensé ou l'indication de rapports qu'on avait mal interprétés ; aussi un historien méthodique doit-il toujours être prêt à compléter ou à rectifier son questionnaire. Mais les documents ne peuvent jamais fournir que des fragments, ils ne donnent pas une vue d'ensemble ; ils ne sont intelligibles qu'interprétés au moyen d'une idée générale de la société où les faits se sont produits, idée forcément subjective ; donc ils restent toujours subordonnés à l'idée que l'historien se fait des sociétés en général. Voilà pourquoi un tableau historique est beaucoup plus subjectif que le tableau résultant d'une enquête directe sur le présent. Cette subjectivité, inhérente à tout travail historique, tient à ce que les menus fragments livrés à l'historien par l'étude des documents ne peuvent jamais être recollés ensemble qu'au moyen d'un ciment fourni par l'imagination.

En outre l'enquête directe peut arriver à réunir tous les faits d'une nature donnée, dans un rayon donné, à un moment donné, — ou du moins tous les faits assez importants pour valoir la peine d'être connus —; ceux que l'enquêteur négligera de recueillir, ce sera volontairement, parce qu'il les jugera inutiles pour l'intelligence de l'ensemble. Dans le travail historique au contraire les faits recueillis dépendront des documents à la disposition de l'historien; il faudra qu'ils aient été non seulement observés et décrits par un contemporain, mais transmis par des documents qui se soient conservés, et dont l'historien aura connaissance. Des faits indispensables pourront lui échapper, soit parce qu'ils n'auront pas été notés, soit parce que les documents se seront perdus, ou même seulement parce qu'ils lui seront restés inconnus. C'est ainsi le hasard qui décidera des lacunes ; pour les époques éloignées elles seront toujours énormes, le sort naturel des documents, surtout en matière économique, étant de se perdre au bout de quelques siècles. L'enquête actuelle sera comme un plan d'architecte où sera tracé l'ensemble de la construction, le tableau historique restera une esquisse avec des lacunes marquées par des lignes conjecturales. Encore les conditions de construction d'un édifice matériel sont-elles si simples et si uniformes qu'on peut restituer avec une quasi-certitude les lignes disparues, tandis que les ensembles sociaux sont soumis à des lois si compliquées que la restitutions des faits non connus directement reste toujours une conjecture douteuse.

III. — Le cadre de l'histoire économique est donné par la nature même des faits économiques. Ils consistent dans les rapports entre les hommes et les objets matériels, en tant que ces objets sont recherchés pour satisfaire un besoin. La limite n'est pas toujours facile à tracer, même si l'on prend l'expression « phénomènes économiques » au sens habituel dans l'économie politique européenne; — c'est-à-dire en écartant les phénomènes de consommation et les faits généraux de démographie et en se restreignant aux phénomènes d'appropriation, de création, et de distribution des objets. Même dans ces limites aucun classement général des phénomènes ne s'impose sans discussion ; en fait les cadres adoptés pour les exposer varient dans les différents ouvrages historiques. Je me borne donc à proposer le classement qui me paraît le plus conforme à l'observation des phénomènes actuels.

D'abord il est impossible de réunir en un tableau unique les faits du monde entier à un moment donné. Un sectionnement matériel s'impose comme une nécessité pratique. Le principe pour faire la section doit être tiré des conditions les plus générales, de celles qui s'imposent à tous les faits. Pour les faits économiques, c'est la division naturelle de la terre d'où sont tirés les matériaux et sur laquelle se font les échanges, c'est-à-dire la division géographique. On sera donc amené à choisir un compartiment de la terre dans lequel on étudiera les faits économiques ; on fera le tableau économique d'un même pays, soit une région (Provence, Sicile, Irlande), soit un État, (France, Allemagne, Angleterre). La réunion de ces tableaux séparés pourra donner ensuite un tableau général d'une portion du monde; mais il vaut mieux que ce tableau d'ensemble ne soit que le groupement de travaux antérieurs, faits chacun dans une subdivision géographique. Dans un même pays les phénomènes économiques de différentes espèces sont liés entre eux par des réactions mutuelles, l'organisation de la culture agit sur l'industrie, le commerce agit sur la culture, le régime de propriété agit sur le commerce, etc. Il vaut donc mieux construire d'abord un tableau général de tous les phénomènes liés entre eux dans un pays donné et rapprocher ensuite ces ensembles que d'étudier une seule espèce de phénomènes détachée de l'ensemble, dans tous les pays du monde [1].

(1) Déjà la pratique de la statistique a amené Meitzen à penser qu'il

La division fondamentale se fera par pays, les subdivisions seules se feront par espèces de phénomènes.

La division en espèces doit reposer sur le but et la nature des arts par lesquels sont créés et distribués les objets. — La division générale est : 1° production, subdivisée en production directe des matériaux, transformation des matériaux (industrie) ; 2° transfert, subdivisé en transport matériel, échange légal (commerce) ; 3° répartition, subdivisée en appropriation, jouissance, transmission.

Dans ce cadre général se placent, à propos de chaque espèce de faits, les questions spéciales à poser quand on fait l'enquête rétrospective sur l'état économique d'un pays à un moment donné. Quels sont les systèmes suivis par les habitants ? Par qui sont-ils pratiqués ? Comment sont-ils distribués entre les différentes parties du pays ? Ce qui implique une description de l'usage, une description du personnel spécial, une carte de distribution de l'usage.

Voici le détail :

1er groupe. Production.

1° *Production directe*, c'est-à-dire des objets bruts ; quatre procédés : 1° chasse et pêche ; 2° élevage ; 3° culture ; 4° extraction des matériaux bruts (bois,

vaut mieux étudier tous les faits dans un domaine étroit qu'une seule espèce de faits dans un domaine large.

carrières, mines), qui forme transition avec l'industrie. Pour chacune des quatre on fera des subdivisions, suivant l'espèce d'animal ou d'objet. L'enquête devra porter séparément sur chaque forme de production, et poser trois questions : 1° objets produits et procédés de travail ; 2° personnes qui font les opérations, comment elles se partagent les opérations, comment elles sont organisées (coordonnées ou subordonnées) ; 3° répartition de ces personnes sur le sol (centres de production, quantités produites par chacun).

2° *Industrie*, c'est-à-dire transformation des matériaux. Le nombre des industries est très grand, ce qui les rend difficiles à classer ; le classement d'après la nature des matériaux est irrationnel ; le moins arbitraire est le classement d'après le but, car le but d'ordinaire conditionne les procédés. On divisera donc en : alimentation, vêtement, bâtiment, ameublement, outils et armes, objets de luxe, vie intellectuelle ; dans chacune les subdivisions sont nombreuses. Forcément chaque industrie formera un terrain d'enquête spécial, où l'on retrouvera les mêmes questions : 1° matériaux employés et procédés (technique) ; 2° personnel employé, c'est-à-dire division et organisation du travail, rapports entre les travailleurs d'un même métier, rapports avec ceux des autres métiers et surtout avec les directeurs du commerce ; 3° distribution géographique des travailleurs, centres pour chaque espèce de travail, nombre des travailleurs et quantité des produits.

2e groupe. Transfert.

1° *Transports*, transition entre l'industrie et le commerce. — Il n'y a guère à distinguer que deux classes, transport par mer, transport intérieur ; mais la deuxième se subdivise en voies fluviales, voies ferrées, routes. Pour chaque classe se posent les trois questions : 1° procédés de transport, voie et mode de traction et d'emballage (il faut ici distinguer les transports d'objets et de personnes) ; 2° personnel des transports (mêmes questions que pour l'industrie) ; 3° distribution géographique des voies et des centres de transport ; quantité des objets transportés.

2° *Commerce*, échange des droits. Il faut distinguer entre le commerce direct qui se fait par un échange d'objets matériels, et les commerces symboliques, crédit et spéculation. Pour chaque branche reviennent les questions : 1° matière du commerce et procédés de commerce ; 2° personnel des commerçants, division du travail et organisation, rapports entre les groupes ; 3° distribution géographique des centres de commerce et de crédit. Quantité des opérations.

3ᵉ groupe. Répartition.

Il n'y a pas lieu à subdiviser. Il suffit de se poser les questions.

1. *Appropriation*, qui comporte les questions suivantes : 1° régime de la propriété, sur quels objets elle porte ; 2° personnel des propriétaires, organisation en classe, rapports entre groupes ; 3° distribution géographique des propriétaires.

2. *Jouissance* des objets : 1° systèmes de jouissance, possession précaire, partage des avantages entre le possesseur et le propriétaire légal ; 2° personnel des gens en possession, organisation en classe ; 3° distribution des possessions précaires.

3° *Transmission* des droits : 1° procédés de transmission entre vifs, par contrat, après décès ; 2° quantité des transmissions.

Après avoir fait une enquête sur ces usages et cette distribution des phénomènes, on aurait un tableau d'ensemble de l'organisation économique d'un pays à une époque donnée. Quand le travail serait fait pour tous les pays à un même moment, on aurait une série de tableaux économiques. On pourrait alors, en comparant les organisations différentes, constater les traits communs et voir si l'on peut dresser un tableau économique universel de cette époque.

CHAPITRE XIV

DIFFICULTÉS SPÉCIALES DE L'HISTOIRE SOCIALE

I. *Nécessité de déterminer la quantité des faits.* — Connaissance qualitative, en histoire. — Nécessité de la détermination de quantité en matière sociale.

II. *Moyens de déterminer la quantité.* — Mesure. — Dénombrement. — Évaluation. — Échantillonnage. — Généralisation.

III. *Conséquences pratiques.* — Précautions spéciales. — Limites de la construction.

I. — Le tableau des faits économiques a besoin pour se construire de plus de connaissances auxiliaires et d'une plus grande précision de connaissances que la plupart des autres études historiques.

Il suppose d'abord la connaissance du terrain géographique qui sert de support aux hommes et aux objets. C'est une condition commune à toutes les études historiques. La géographie est une science auxiliaire de l'histoire, et d'autant plus nécessaire que les faits ont une plus grande part matérielle. Mais pour les histoires de faits intellectuels (sciences, art, religion), une connaissance générale peut suffire; la connaissance doit être plus précise à mesure qu'on opère sur des faits plus matériels, soumis plus étroitement aux conditions du milieu. A ce titre, l'histoire économique est fortement dépendante de la géographie, et il n'y a pas de statistique historique sans connaissance du terrain géographique.

Les faits historiques prennent d'abord la forme descriptive ; on décrit des conceptions, des actes, des usages, — c'est-à-dire des actes renouvelés — des objets, des conditions, des produits. C'est la forme première de toutes les sciences descriptives (zoologie, botanique). Seulement certaines descriptions sont d'une espèce particulière à l'histoire, en tant que science de l'humanité ; ce sont les descriptions d'états intérieurs par des figures matérielles non représentables, langue, pensée, imagination, règles, motifs, tous faits psychologiques. J'ai montré[1] que ces faits forment presque seuls toute une des catégories de l'histoire, l'histoire des coutumes intellectuelles, et la plus grande partie de deux autres, l'histoire des institutions sociales et politiques. De tous ces faits on ne peut jamais avoir qu'une connaissance *qualitative ;* on peut déterminer le caractère, la nature de ces conceptions ; mais la seule connaissance quantitative serait la fréquence, qu'il est impossible de rechercher. Combien de fois un homme a-t-il eu une pensée ? Combien d'hommes ont eu cette pensée ? On n'a jamais pu même songer à faire cette recherche

(1) Voir page 176.

Cependant on a pu constituer une histoire des phénomènes intellectuels, sans sortir de la description, c'est-à-dire sans chercher au delà de la connaissance qualitative, sans atteindre aucun élément de quantité. C'est le cas des histoires de la langue, des arts, des sciences, des religions. On décrit les œuvres d'art ou de science et les conceptions qui ont été manifestées à une certaine date, sans essayer de faire un tableau de leur répartition ou de leur fréquence. La prétention d'arriver à appliquer la statistique a été émise par M. Bourdeau, *l'Histoire et les historiens*, 1886 ; il proposait d'étudier le nombre d'exemplaires d'un ouvrage pour en évaluer quantitativement l'importance : c'est une illusion. On n'arriverait à savoir ainsi qu'un chiffre d'opérations typographiques, on n'atteindrait pas la fréquence du phénomène littéraire qui est la représentation dans l'esprit du lecteur de la conception qu'avait exprimée l'auteur.

Pour l'histoire des usages qui consistent en actes matériels, la connaissance qualitative reste souvent aussi la seule possible. Combien de maisons, de costumes, de fêtes, y a-t-il eu au XIVe siècle ? Combien de fois a-t-on appliqué une règle de droit, un usage politique ? Mais là encore on n'a pas un besoin absolu de connaître la quantité ; il s'agit plutôt de savoir qu'à un moment donné, dans un pays, on a pratiqué certain usage, ou certaines institutions politiques. L'intérêt est dans l'existence de l'usage, pas seulement dans la fréquence. Pourtant on a déjà besoin de savoir si les règles étaient vraiment appliquées, c'est-à-dire approximativement dans quelle proportion de cas.

L'histoire sociale consiste aussi pour une bonne part dans la description d'usages économiques, procédés d'exploitation agricole et industrielle, de production, de transport, usages de vente, de crédit, de spéculation, division du travail, propriété, règles de répartition des produits. Mais cette part est insuffisante pour constituer l'histoire sociale ; elle aide à comprendre les phénomènes sociaux, elle ne les établit pas. Le tableau d'une société, à un moment donné, ne peut se faire par une simple description de ses usages. Ce tableau comporte toujours des données de *nombre* et de *répartition*. Le nombre des membres, la répartition par sexes, âges, origines, occupations, — la composition des classes sociales ou des professions, — la richesse, c'est-à-dire la quantité des objets de valeur, et la répartition de la richesse entre les catégories d'habitants, — la répartition des cultures, industries, moyens de transports, — toutes ces notions sont indispensables. Faute de les avoir on n'arrive pas du tout à se représenter la société ; on n'en a aucune idée d'ensemble. Même les usages économiques n'ont presque aucune valeur par eux-mêmes ; ils n'agissent que par leur *fréquence* : un usage qui n'existe qu'entre quelques hommes n'a pas d'intérêt, ni pratique, ni historique. La connaissance d'une société, au point de vue de l'histoire sociale, c'est la connaissance de la structure, c'est-à-dire des *proportions* entre les parties. Or, le nombre, la répartition, la fréquence, les proportions, sont des notions toutes quantitatives. On ne conçoit guère un tableau de phénomènes sociaux purement qualitatif ; comme peut l'être un tableau de la littérature, des arts, des sciences, ou même un tableau du droit ou des institutions politiques. On arrive ainsi à cette conclusion que l'histoire sociale a absolument besoin d'être une connaissance *quantitative*.

II. — De quels moyens dispose l'histoire pour atteindre une connaissance de quantité ? *A priori* on peut présumer que ces moyens seront médiocres, puisque l'histoire manque de tout procédé direct d'examen des phénomènes. Elle reste réduite à deux procédés indirects :

1° Elle recueille les renseignements sur les quantités que fournissent les auteurs de documents, par exemple le chiffre de la population de l'Attique, donné par Athénée. Ce sont toujours des affirmations non scientifiques ; on ne peut donc les accepter que sous réserve de critique. Mais la critique a besoin pour conclure de savoir dans quelles conditions l'auteur a opéré pour atteindre ses résultats ; or on les connaît rarement, et on doit *a priori* présumer que l'auteur a commis quelque erreur, car l'erreur est habituelle en matière de chiffres ;

2° Elle réunit les données isolées obtenues par l'analyse des documents et elle les rapproche de façon à calculer des quantités; par exemple on additionne les chiffres de tenanciers fourni par le *Domesdaybook* pour chacun des domaines recensés, on calcule la proportion d'habitants par tenanciers et on en conclut la population de l'Angleterre à la fin du XIe siècle.

Il faut donc examiner les moyens dont dispose l'auteur de document ou l'historien pour arriver à déterminer et à exprimer des quantités. Les voici, rangés dans l'ordre décroissant de précision.

1° *La mesure.* — C'est la seule expression de quantité qui soit entièrement scientifique. Elle consiste à ramener les phénomènes à des unités identiques, par conséquent exactement commensurables (telles que : longueur, surface, poids, composition chimique, mouvement). Elle tient une place de plus en plus grande dans l'observation actuelle des phénomènes sociaux, surtout économiques. De plus en plus on se préoccupe de connaître les longueurs de réseaux de chemins de fer ou de routes, les superficies de terrains, les poids de produits, les valeurs exprimées en numéraire. Mais pour les faits passés, nous n'avons plus aucun moyen direct d'obtenir une mesure ; il ne reste qu'à recueillir les mesures mentionnées dans les documents, soit qu'elles aient été faites par les auteurs eux-mêmes — ce qui est rare — soit que les auteurs des documents aient reproduit les mesures faites par d'autres. Or, ni les procédés de mesure dont disposaient les siècles antérieurs, ni les habitudes de transcription des auteurs de documents ne laissent guère espérer que les mesures doivent être présumées exactes.

2° *Le dénombrement.* — C'est le procédé statistique par excellence. Il consiste à choisir un caractère abstrait, expressément défini, et à compter dans un champ donné combien d'hommes ou d'objets d'une espèce donnée présentent ce caractère. Comme le dénombrement arrive à s'exprimer en chiffres, il donne souvent l'illusion de la mesure, c'est-à-dire de la science exacte. Cette illusion n'est qu'un cas particulier de la tendance naturelle à confondre *exact* avec *précis* (voir p. 34). En fait, le dénombrement ne prend ce caractère précis que grâce à la convention sur laquelle il repose, toute sa valeur comme moyen de connaissance dépend de la nature de la convention qui a servi à l'établir. Si on a pris un caractère très conventionnel (par exemple crime, délit, appartement), le dénombrement ne donnera que très peu de renseignements sur la réalité. On saura seulement qu'il y a eu dans un pays donné tel chiffre de procès rangés dans la catégorie « crime » ou « délit », qu'on a compté dans l'ensemble des maisons tant d'unités conventionnelles appelées « appartement ». En tout cas le chiffre d'un dénombrement ne désigne pas un total homogène, il réunit des objets qui ne sont pas entièrement commensurables et qui peuvent n'avoir de commun que des caractères insignifiants.

Pourtant le dénombrement est le seul procédé quantitatif possible pour apprécier des masses qui ne sont pas homogènes ; et c'est le cas de tous les êtres vivants et de tous les objets produits par eux ; — sauf en tant qu'on les a ramenés à la notion de poids ou à la notion abstraite de valeur exprimée en numéraire (on ne mesure pas des moutons, mais on peut mesurer des poids de moutons). Le dénombrement est donc indispensable pour exprimer avec précision la structure d'une société. Il faut savoir au moins le chiffre de la population, la répartition des habitants dans les centres, le nombre des habitations, des animaux, etc. Aussi le dénombrement est-il le procédé fondamental de la démographie ; même les phénomènes économiques ne sont vraiment établis que lorsqu'on est parvenu à les exprimer en chiffres.

L'histoire sociale ne dispose que d'un très petit nombre de dénombrements attestés par des documents ; et presque tous ceux qu'on possède sont suspects : ils ont été faits dans des conditions inconnues de nous et, nous devons le présumer, avec des procédés insuffisants. Ainsi pour l'antiquité, les chiffres des esclaves d'Egine ou de la population d'Athènes doivent rester suspects. Les chiffres du moyen âge ne le sont pas moins. L'Angleterre fournit un exemple caractéristique de l'incapacité des gens du moyen âge aux dénombrements même les plus faciles. En 1371 le gouvernement fit voter au Parlement une taxe de 50 000 livres (à répartir entre les paroisses à raison de 22 shilings, 3 pences), calculée sur le chiffre de 40 000 paroisses ; quand on voulut la lever, on ne trouva pas 9 000 paroisses. On peut voir dans Round, *Feudal England*, 1895, ce qu'on doit penser du chiffre de 32 000 chevaliers vassaux du roi d'Angleterre, qu'on a admis jusqu'ici sur le témoignage d'un homme admirablement placé pour être informé, puisqu'il était ministre du roi. Il est probable aussi qu'on a tort de reproduire, comme le font même des historiens de la valeur de Ranke, les chiffres des fameux rapports des ambassadeurs vénitiens au XVIe siècle.

Resterait la ressource de faire des dénombrements rétrospectifs, en rapprochant les éléments pris dans les documents. Mais pour dénombrer, la condition indispensable est de connaître tout le champ à dénombrer, car il faut être sûr de pouvoir atteindre toutes les unités à compter. Or il dépend du hasard qu'il se soit conservé des documents portant sur le champ entier à dénombrer, et ce hasard est très rare. Peut-être n'y en a-t-il dans toute l'histoire du monde jusqu'à la fin du moyen âge qu'un seul cas, le *Domesday-book* d'Angleterre qui, à vrai dire, est lui-même un dénombrement.

3° *L'évaluation.* — C'est un expédient pour remplacer le dénombrement. Lorsqu'on ne peut pas (ou qu'on ne veut pas) dénombrer le champ tout entier, on en prend une portion et, dans cette portion, on compte les objets des différentes classes, de façon à établir la proportion numérique, tant pour cent de chaque classe. On suppose que cette portion est une image réduite de l'ensemble et que la proportion totale sera la même. Le danger de ce procédé, c'est la présomption qui est à la base. On admet que la portion qu'on a choisie est pareille à l'ensemble et que les proportions y seront les mêmes; mais si cette portion restreinte diffère de l'ensemble, l'évaluation sera fausse. Supposons que pour connaître la proportion d'enfants illégitimes en France, on prenne le pourcentage de la population de Paris; l'évaluation sera beaucoup trop élevée. Il faut donc être sûr que la portion choisie est pareille et c'est ce qu'il est souvent difficile de savoir. De même, quand un document indique une proportion, il faudrait savoir par quels procédés l'auteur est arrivé à son évaluation. On répète souvent, d'après les documents du XIVe siècle, que la grande peste de 1346-48 a enlevé la moitié ou le tiers de la population; on devrait se demander sur quelle portion de la population a été faite cette évaluation, — en supposant qu'il y ait eu un calcul.

4° *L'échantillonnage.* — C'est un expédient pour suppléer au dénombrement. On prend au hasard quelques unités à différents endroits dans tout le champ à dénombrer, on examine dans combien de ces unités se rencontre un certain caractère (par exemple combien de femmes sont veuves), on calcule la proportion des veuves par rapport au total des femmes examinées (par exemple 30 p. 100); on admet que la proportion sera la même pour tout le reste du champ. Le procédé est moins dangereux que l'évaluation en ce sens qu'on court moins de risques de tomber sur une portion exceptionnelle du champ; mais on s'expose au danger plus grand encore de prendre pour bases des unités exceptionnelles, on n'a pas de garantie que ces unités soient pareilles à l'ensemble.

Les conditions sont surtout mauvaises pour un échantillonnage rétrospectif, où l'on est réduit à opérer avec des documents. Quand il s'agit de faits actuels, comme on domine l'ensemble du champ à étudier, on peut se faire une impression générale, voir quels sont les cas aberrants, et par suite prendre méthodiquement ses unités parmi celles qui ne présentent aucun caractère exceptionnel. Mais dans l'échantillonnage rétrospectif on ne connaît que des unités éparses, qu'on n'a pas choisies, qu'on a reçues des documents, c'est-à-dire du hasard ; or il est fort possible qu'une espèce de documents qui fait connaître une espèce de faits exceptionnelle se soit conservée plus qu'une autre, car les conditions d'où dépendent les chances de conservation sont d'ordinaire les mêmes pour chaque groupe de document. Les unités exceptionnelles ainsi obtenues fausseront gravement l'opération. Qu'on essaye par exemple pour le XIIe siècle de déterminer par échantillonnage la proportion des terres appartenant à l'Église, dans un pays comme la France. Les documents qui se sont conservés sont ceux qui se trouvaient dans les archives des églises et qui se rapportent à leurs domaines, c'est là qu'on ira forcément chercher les échantillons de groupes de domaines ; la proportion des terres d'église y sera naturellement très forte, presque toutes les terres paraîtront appartenir aux églises.

5° *La généralisation*. — Ce procédé, le plus habituel en histoire, n'est qu'un moyen irréfléchi de simplifier les opérations d'évaluation. Il consiste à étendre à tout un groupe les caractères qu'on a constatés chez quelques individus de ce groupe (hommes ou objets) ; c'est un échantillonnage inconscient et mal fait. Le principe rationnel de la généralisation, c'est la présomption que si un caractère se rencontre dans plusieurs unités d'un champ donné prises au hasard, il se retrouvera dans toutes les unités de ce champ ; autrement dit les cas observés sont présumés représenter la moyenne.

C'est le seul procédé qui reste possible dans tous les cas où l'on ne dispose pas de la connaissance complète d'un champ ou du moins d'une portion d'un champ, ce qui est le cas normal en histoire ; — dans l'histoire sociale comme dans les autres branches. Et c'est assurément une des causes d'erreur les plus actives en histoire ; la plus grande masse des erreurs de construction commises dans les tableaux descriptifs d'une société, provient de généralisations incorrectes. C'est que les documents ne fournissent d'ordinaire que quelques cas, la plupart exceptionnels, qu'on a rédigés justement parce qu'ils étaient exceptionnels; des crimes ou des actes héroïques, — les usages ou les modes des petits groupes exceptionnels qui attiraient le plus l'attention ou qui avaient une propension exceptionnelle à écrire. Instinctivement on prend ces cas pour des cas-types, caractéristiques de toute la société, on les déclare des usages généraux. Tous les ouvrages historiques de Taine sont pleins de généralisations obtenues par ce procédé.

L'histoire sociale est particulièrement exposée aux fausses généralisations. Elle a absolument besoin d'arriver à un tableau complet pour se représenter la structure de la société, et elle ne possède que très peu de documents, des mentions accidentelles dans les documents narratifs ou littéraires, quelques inscriptions, quelques pièces d'archives très inégalement conservées (du moyen âge il ne reste presque aucun document de laïques). La tentation est donc plus grande de procéder en généralisant à partir du petit nombre des faits établis. Ainsi l'histoire sociale est celle qui aurait le plus besoin de données d'ensemble et c'est celle qui est la plus exposée à se les procurer par un procédé défectueux.

III. — La conséquence pratique c'est que l'histoire sociale doit être astreinte à des précautions plus sévères qu'aucune autre et soumise plus étroitement à la règle qu'avant d'aborder l'étude d'un fait, on doit constater l'état des documents, afin de renfermer la recherche dans les limites de la connaissance possible.

On devra faire la critique de toutes les données quantitatives, plus sévèrement encore que la critique des descriptions, car, étant beaucoup plus difficiles à atteindre exactement, elles doivent être plus suspectes. L'auteur d'un document n'a pas eu besoin d'une précision exceptionnelle pour connaître et décrire une conception, ni même un acte répété souvent (usage, mode, institution). Mais dès qu'il est intervenu une notion de quantité, il lui a fallu pour la constater une méthode de travail, souvent même des procédés spéciaux d'information. On doit donc toujours se demander : Par quels procédés l'auteur a-t-il atteint son résultat ? Et que valait ce procédé ? Quelles pouvaient être ses données ? Par quelle méthode a-t-il pu faire ses calculs ? Souvent on aura une certitude négative; on saura que l'auteur n'a pas pu opérer exactement, par exemple que les chroniqueurs du moyen âge n'avaient aucun moyen d'évaluer le nombre des victimes d'une épidémie ou le chiffre d'une population. En tout cas il faudra toujours examiner de près. Il semble bien que les historiens économiques n'ont pas encore cette prudence nécessaire; il suffit de voir comment procèdent même les plus scrupuleux pour la période de l'antiquité.

Quand on opérera soi-même pour atteindre la quantité, l'opération rétrospective devra se faire avec les mêmes précautions que pour le calcul sur des faits actuels analogues. La méthode est décrite par Meitzen, *Geschichte*, *Théorie und Technik der Statistik*, 1886.

La généralisation n'est pas étudiée en statistique. J'ai essayé d'en faire la théorie[1]. On doit la ramener à un échantillonnage conscient et méthodique ; ce qui comporte les précautions suivantes :

1° Préciser le champ où l'on va généraliser, c'est-à-dire où l'on va présumer la ressemblance entre les unités prises au hasard. Si ce champ est un groupe d'hommes, ne pas le faire trop grand, pour qu'il ait plus de chances d'être homogène ; éviter de confondre une section avec l'ensemble, ne pas généraliser par exemple sur une seule province pour tout un Etat.

2° S'assurer que les faits contenus dans ce champ sont vraiment semblables entre eux, pour que des unités quelconque aient chance de correspondre à la moyenne ; se défier surtout des simples ressemblances de nom.

3° S'assurer que les cas pris pour généraliser sont vraiment représentatifs, qu'ils ne sont pas exceptionnels.

(1) Voir Langlois et Seignobos. *Introd. aux études historiques*, p. 240.

4° S'assurer que le nombre des spécimens connus est assez grand. Il devra être d'autant plus grand qu'il y aura moins de motifs que tous les cas se ressemblent, moins grand pour les groupes homogènes et les phénomènes simples (par exemple l'alimentation d'un groupe de paysans), que pour des groupes hétérogènes et des faits compliqués (comme le budget d'une famille riche habitant dans une capitale).

En prenant toutes les précautions on sera amené à reconnaître que dans la plupart des cas on ne peut pas arriver à un résultat certain, faute de données sûres. Ainsi sera posée la limite de construction de l'histoire sociale. Elle variera beaucoup sans doute, mais elle variera suivant la condition des documents, c'est-à-dire la possibilité de remonter à des observations correctement fait . Si nous nous laissions aller à la nature, ce ne serait pas l'état de nos instruments de connaissance qui poserait la limite à nos recherches, ce serait l'intensité de notre intérêt. Toute l'histoire de la théologie, toute l'histoire de la science des antiquités, montrent que les spécialistes eux-mêmes sont exposés à passer leur vie sur une question insoluble, dont la solution les passionne. Il n'est pas inutile de rappeler que notre désir de connaître une espèce de faits ne doit jamais être la mesure de nos affirmations.

CHAPITRE XV

DÉTERMINATION DES GROUPES SOCIAUX

I. *Caractère des faits sociaux.* — Faits humains, abstraits, localisés. — Actes individuels. — Actes typiques. — Actes collectifs.

II. *Les groupes.* — Difficulté de définir le groupe social, différence avec le groupe biologique. — Caractère ordinaire des groupes historiques. — Difficultés spéciales à l'histoire sociale ; précautions et limites.

La deuxième série des opérations consiste à grouper ensemble les faits successifs pour dresser un tableau de l'évolution sociale dans la suite des temps. Mais elle exige une opération préalable, nécessaire pour se représenter les faits sociaux dont on étudiera la succession ; elle consiste à déterminer les *groupes* d'hommes qui sont les auteurs ou les objets des phénomènes sociaux. Il faut donc, avant d'étudier l'évolution, examiner comment on peut arriver à déterminer les groupes sociaux.

I. — Le principe qui domine toute cette opération de construction des groupes est le principe de toute science historique, principe si simple et si évident qu'on aurait honte de le formuler, si l'expérience ne montrait pas qu'il est très souvent oublié par des catégories entières de travailleurs, ce qui oblige à l'énoncer expressément. Il peut se formuler ainsi : Les faits sociaux ne sont que des abstractions, ce sont toujours les actes, les états ou les rapports de certains hommes. Ce sont ou des usages, — et un usage n'est qu'une série d'actes semblables, — ou les états matériels d'hommes déterminés (âge, sexe, maladie), — ou des objets se rapportant indirectement à des hommes et étudiés seulement en tant qu'ils sont en rapport avec eux (plantes, animaux, maisons, routes, argent, produits).

Pour qu'un phénomène soit social, il faut qu'il soit l'acte, ou l'état, ou la dépendance matérielle d'un homme ou d'un groupe d'hommes. Or, le propre des hommes, c'est d'être des individus déterminés. La connaissance complète d'un fait social comporte donc qu'on connaît le groupe d'hommes auquel il se rapporte. Dans les sciences générales abstraites (physique, chimie, biologie), on opère, il est vrai, sur des phénomènes ramenés à l'état d'abstractions, et l'on a le droit d'ignorer les objets réels dans lesquels ils se passent. Mais c'est qu'on a pu isoler par l'expérience et définir rigoureusement les caractères sur lesquels on opère. En science sociale on a essayé de construire aussi une science abstraite des phénomènes, l'économie politique, la politique, la sociologie ; mais l'essai a été prématuré, et peut-être est-il irrationnel. Car il faut d'abord décrire les faits sociaux dans les conditions sans lesquels ils ne sont pas intelligibles, c'est-à-dire dans les individus humains. C'est ainsi que dans les sciences naturelles on a décrit la structure et le fonctionnement des organismes végétaux et animaux, en les prenant dans l'ensemble concret d'un individu, longtemps avant d'essayer une biologie générale abstraite.

En matière sociale les faits donnés par l'observation, et par conséquent les faits à décrire d'abord, sont des actes d'individus ou de groupes, des états, des objets; ils sont déterminés, localisés, si bien que nous sommes obligés de les étudier d'abord avec leurs noms. En présentant un tableau de la population ou la description d'un marché, il faut dire qu'il s'agit de la population de l'Espagne ou du marché de Londres. — La condition pour comprendre un fait social, c'est de se représenter l'homme ou le groupe d'hommes qui en sont l'auteur, et de pouvoir lier le fait à un état psychologique, très vaguement défini peut-être, mais suffisamment connu pour nous le faire comprendre, c'est le *motif* de l'acte. Ainsi un simple transfert d'objets n'est pas intelligible socialement : Est-il une vente, une donation, un vol, un brigandage? Pour répondre, il nous faut savoir le motif. Une somme d'argent ou une quantité d'objets n'est pas un phénomène social, à moins qu'on n'y joigne la notion de la valeur attribuée à cette somme ou à ces objets, ce qui est un fait subjectif psychologique. Seuls les faits démographiques physiologiques peuvent se suffire à eux-mêmes ; mais ils ne sont que les conditions des phénomènes sociaux. Il faut donc pour décrire les faits historiques ou sociaux la connaissance des auteurs ou des sujets de ces faits, et de l'un au moins de leurs phénomènes psychologiques, la connaissance de leur motif.

Voyons donc sous quelles formes se présentent les faits, soit dans l'observation directe, soit dans les documents.

1° Des actes individuels ou des états individuels : l'acte d'un artiste, d'un homme politique, d'un général ou d'un ouvrier, d'un acheteur, d'un spéculateur. Dans le passé, la connaissance de ces actes constitue l'histoire individuelle. Elle est souvent difficile à établir en fait faute de documents, mais elle est toujours la plus facile à comprendre ; c'est l'histoire des créations intellectuelles (arts, sciences, philosophie, religion), l'histoire des directions politiques (révolutions, réformes, guerres), ce qui forme une grande part de l'histoire politique. Cette histoire individuelle n'a presque aucune place dans l'histoire sociale ; sauf l'histoire des inventions et des usages, dans le cas où on peut atteindre l'inventeur ou l'initiateur. J'indique cette exception pour rappeler que l'histoire économique elle-même n'est pas exclusivement une étude de masses.

2° Des actes faits par un individu, des états subis par un individu, mais pareils aux actes ou états d'autres individus du même temps. Souvent les documents ne donnent qu'un acte ou un état individuel, un cas de vente par exemple ; mais on peut généraliser et établir que d'autres hommes agissaient de même ou étaient dans le même état. L'acte individuel devient alors un cas représentatif de tout un groupe, un type. Ainsi se fait l'histoire des actes ou états typiques, qui est une étude de phénomènes de masse. Dans ce genre rentrent : l'histoire des langues où un mot trouvé dans un écrivain montre que ses contemporains employaient ce mot ; — l'histoire des usages privés (alimentation, logement, mobilier, cérémonial, distraction, etc.), où quelques exemples suffisent pour montrer l'habitude commune à tous les gens d'un pays ; — l'histoire des croyances et des doctrines communes ; — l'histoire des règles de droit ; — l'histoire des institutions sociales et politiques. Il y faut ranger aussi l'histoire des coutumes économiques, qui est une grande part de l'histoire sociale ; elle se fait en étudiant des cas individuels, types de culture, de fabrication, de transport, d'échange, etc.

3° Des actes collectifs faits par un groupe d'individus opérant ensemble ou réagissant directement les uns sur les autres, actes ou états d'une assemblée, d'une armée, d'un marché, etc. Ceux-là apparaissent dans les documents comme collectifs, ayant été conçus comme collectifs par les observateurs. Ils sont la matière de l'histoire des actes sociaux et politiques (en exceptant les actes originaux des fondateurs et réformateurs).

La plupart des faits sociaux rentrent dans cette classe. Ici il n'y a pas seulement des actes pareils, comme dans la fabrication d'objets ou les procédés agricoles ; il y a un agencement, c'est-à-dire une action réciproque des actes ou des états humains les uns sur les autres, qui constitue une organisation du travail, un système de transports, un système d'échanges. Ce ne sont pas seulement des phénomènes de masse, ce sont des phénomènes *collectifs*.

II. — Les faits individuels seuls ont un champ défini d'avance, qui est l'individu. Tous les autres faits, faits semblables, ou faits collectifs, ne sont vraiment connus que lorsqu'on sait dans quel groupe ils se produisent, quel est le groupe d'hommes qui a des usages pareils ou qui forme un système d'actes collectifs. Il faut donc, pour définir un fait de ces deux derniers genres, préciser le groupe où il se produit ; et c'est là une des principales difficultés de toute histoire d'usages.

La détermination du groupe se subdivise en deux opérations : 1° déterminer l'espèce de groupe où s'est produit le phénomène ; 2° déterminer en fait quelles étaient les limites de ce groupe.

Un groupe humain n'est pas du tout comparable à une espèce animale. On peut discuter, il est vrai, sur les limites d'une espèce, se demander si certains individus doivent être rangés dans une espèce ou dans la voisine, mais on sait qu'un être n'appartient pas à la fois à deux espèces. Le groupe humain au contraire est une notion, non pas naturelle, mais en partie conventionnelle.

Un groupe, c'est un ensemble d'hommes qui ont des usages pareils (par exemple la langue, la religion, les mœurs) et qui collaborent ou sont solidaires pour certaines espèces d'actes (par exemple la guerre, le gouvernement, le commerce). Mais il y a beaucoup d'usages et beaucoup de systèmes d'actes produits par des causes multiples et variables qui ont agi inégalement sur les divers hommes. Il en résulte qu'un même homme ne fait pas partie exclusivement d'un seul groupe, parce qu'il n'a pas en toute matière les mêmes usages ou les mêmes conceptions ou les mêmes intérêts que les autres membres du groupe. Il appartient à un certain groupe en matière de langue, à un autre groupe en matière de religion, à un autre en matière d'usages privés; il dépend d'un système politique, d'un système ecclésiastique, d'un système d'intérêts économiques. Dans chaque groupe et dans chaque système il se rencontre avec des semblables ou avec des collaborateurs partiels qui en d'autres matières font partie d'un autre groupe ou d'un autre système. Un même homme sera Luxembourgeois par la nation, Français par la langue, catholique romain par la religion, et lié économiquement à l'Allemagne comme membre du *Zollverein*; parce que les quatre solidarités différentes, État luxembourgeois, langue française, religion catholique romaine, *Zollverein* allemand, ont été établies à des époques différentes.

C'est l'erreur fondamentale de la sociologie forgée d'après les analogies biologiques d'avoir négligé cette opposition capitale entre les phénomènes biologiques et les phénomènes sociaux. Elle s'est ainsi laissé conduire à admettre un groupe humain pareil à un organisme animal; et comme on ne pouvait utiliser cette analogie en opérant sur des individus membres à la fois de plusieurs groupes, on a été amené à choisir arbitrairement un des groupes, et à l'identifier avec un organisme, en ignorant systématiquement les autres groupes qui établissent d'autres solidarités. D'ordinaire on a choisi, pour l'assimiler à l'espèce animale, le groupe formé par l'unité de gouvernement, le groupe *politique* appelé aussi *national;* qui en beaucoup de pays coïncide grossièrement avec le groupe de langue. Cette préférence donnée au groupe État sur le groupe Église, ou le groupe langue, ou le groupe civilisation, s'explique par l'exaltation du sentiment national au XIXe siècle ; mais elle n'en est pas moins irrationnelle.

C'est une des grosses difficultés de l'histoire de choisir l'espèce de groupe humain dont on cherchera à étudier les manifestations semblables ou collectives. Evidemment cette espèce varie suivant l'espèce de phénomènes. Pour l'histoire de la langue ce sera le groupe des hommes qui parlent la même langue; pour l'histoire des religions, le groupe religieux; pour l'histoire politique, le groupe national. Mais pour les faits sociaux quel groupe devra-t-on choisir? Qu'est-ce que le groupe économique? On n'est pas parvenu à le définir. Quels sont en matière économique les hommes liés par une solidarité ou par des usages communs? Sont-ce les sujets d'un même souverain? — Mais entre les sujets des États différents le commerce établit une solidarité économique parfois très étroite, qui varie avec les tarifs de douanes et les conditions des traités de commerce. Dans quel groupe économique devra-t-on ranger le Canadien du Manitoba, sujet anglais, qui commerce surtout avec les États-Unis ? Et l'Hindou ?

La question est déjà difficile à résoudre pour les sociétés contemporaines où l'ensemble des faits nous est connu. Mais pour les sociétés anciennes où il nous faut opérer par l'intermédiaire de documents fragmentés, comment reconnaître les groupes d'hommes économiquement solidaires? Ces documents désignent les groupes par un nom. Mais quel est le sens précis de ce nom ? La plupart sont des noms politiques, ils désignent seulement les sujets d'un même souverain (Romains, Français, Anglais), dans des temps où la solidarité économique était bien plus faible que de nos jours dans l'intérieur de chaque État.

Il n'est pas facile d'indiquer une solution à cette difficulté ; mais du moins faut-il en être averti, pour savoir avec quelle sorte de notion on opère. On devra donc se demander toujours : A quelle sorte de groupe se rapportent les noms employés par les documents ? Peut-on savoir en quoi ce groupe consistait ? Quelle sorte de liens unissait les membres ? Et quel rapport y avait-il entre cette solidarité et une solidarité économique ? On sera ainsi averti des cas où il faudra décomposer un groupe réuni sous un seul nom ; et si on ne peut arriver à le décomposer, on saura du moins qu'on fera mieux de s'abstenir d'affirmer et peut-être même d'étudier des faits qu'on ne pourrait rapporter à aucun groupe précis.

La seconde difficulté, c'est de préciser les limites du groupe, c'est-à-dire les gens qui appartiennent à ce groupe. Elle est commune à toutes les études historiques de groupes et n'est pas spéciale à l'histoire sociale. Elle tient à ce que les documents, toujours très incomplets, ne font connaître que quelques cas épars, observés et notés pour des raisons accidentelles, conservés par hasard ; au moyen de ces fragments on restitue l'ensemble des cas de cette espèce par généralisation, avec tous les dangers inhérents à ce procédé, entre autres la difficulté de délimiter le champ de généralisation. Un usage est constaté par les documents dans un endroit. Mais jusqu'où s'étend le champ où l'on a le droit d'admettre que cet usage a existé à ce moment ? Il faut poser la question nettement ; car la solution dépend des conditions propres à chaque cas et la constitution des groupes serait exposée à des dangers inévitables si l'on opérait sans méthode. Voici la liste de ces dangers :

1° Ne pas s'apercevoir du caractère abstrait des

phénomènes. On exprime le phénomène par un substantif abstrait — par exemple, le marché, l'industrie textile, le machinisme — et on opère avec cette formule abstraite comme si elle désignait un être réel; on lui attribue des actes, des motifs, des sentiments. Quand on a ainsi personnifié l'abstraction, le marché, l'industrie, le machinisme prennent corps; ils semblent agir avec une force propre; instinctivement on leur attribue des actes et une puissance comme s'ils étaient des personnes, et cette mythologie simpliste fait vite oublier les êtres humains plus complexes, qui sont les seuls acteurs véritables de l'histoire, même sociale.

2° En attribuant les phénomènes à un groupe, négliger d'établir l'existence de ce groupe par l'observation soit directe, soit indirecte. Il arrive ainsi d'admettre pour causes des faits un groupe imaginaire ou conjectural, comme la communauté de village hypothétique des pays du centre de l'Europe.

3° Prendre pour le support des phénomènes économiques un groupe réel il est vrai, mais formé par une solidarité sans rapport avec les phénomènes qu'on veut étudier; prendre par exemple un groupe formé par la communauté de langue, comme les Hellènes ou les Germains, ou un groupe constitué par un lien purement politique, comme l'Espagne au

XVIe siècle, ce qui mène à attribuer à toutes les parties du groupe les mêmes phénomènes économiques ou une solidarité économique, contrairement à la réalité. Ce genre d'erreur est facile à commettre, car les noms que portent la plupart des groupes mentionnés dans les documents désignent des groupes de langue ou de solidarité politique, sans aucun caractère économique.

4° Prendre un groupe hétérogène sans penser à le décomposer en des parties homogènes (du moins au point de vue du phénomène qu'on étudie); par exemple, expliquer la vie économique de la Grande-Bretagne au XVIIIe siècle sans distinguer l'Irlande et l'Écosse de l'Angleterre. On arrive à se faire une représentation moyenne, qui est fausse pour toutes les parties.

5° Faire son champ de généralisation trop grand, en se trompant sur les limites du groupe ; on attribue ainsi les actes et les usages à des hommes qui y sont étrangers. Si, par exemple, on fait entrer dans le groupe des Germains, tous les peuples qui habitaient au VIe siècle le territoire actuel de l'Allemagne, on y introduira des Celtes ou des Slaves, dont les usages économiques étaient différents.

CHAPITRE XVI

ÉTUDE DE L'ÉVOLUTION

I. *Conditions de l'étude de l'évolution.* — Emploi des courbes, conditions. — Différences entre l'évolution en biologie et en sciences sociales. — Différentes sortes d'évolution. — Détermination du groupe où l'évolution s'est produite.

II. *Conditions des évolutions spéciales.* — Production, transfert, répartition.

III. *Conditions pour comprendre l'évolution.* — Constatations des changements d'usages par la comparaison. — Évolution par renouvellement, difficulté de la constater.

I. — La dernière opération consiste à grouper les faits successifs, de façon à constater les transformations et, s'il se peut, à atteindre l'*évolution* des phénomènes. C'est par excellence l'opération historique, elle ne peut être faite que par voie historique, avec les documents du passé. C'est la dernière opération de la série puisqu'elle ne peut être faite qu'après les deux autres. Il faut avoir dressé le tableau de l'ensemble des faits sociaux (ou du moins d'une espèce de faits) à un moment donné et dans un groupe donné avant de pouvoir le comparer à l'ensemble des faits (ou du moins à la même espèce de faits) dans le même groupe, à un autre moment, puis à une série de moments successifs.

L'évolution a été rendue plus facilement représentable par l'emploi des courbes. Quand les phénomènes sociaux peuvent s'exprimer numériquement, la courbe permet d'en figurer graphiquement l'évolution, il suffit de transcrire les chiffres en graphiques. On obtient ainsi par exemple la courbe de la production d'une denrée ou de la quantité des transports. La courbe rend plus saillante la continuité du phénomène et la direction des changements.

Le procédé n'est applicable que dans les cas où on peut exprimer les faits par des nombres ; ce qui suppose deux conditions.

1° Il faut que les faits soient par leur nature exprimables en nombre, qu'ils comportent une comparaison de quantité, au moins approximative, entre des états successifs, par exemple la quantité produite, transportée, transférée, distribuée, — ou le nombre d'objets, d'animaux ou d'individus comparables. Le procédé ne s'applique donc pas aux conditions matérielles ni aux rapports entre les hommes qui constituent une organisation économique ; la description est le seul moyen possible de représenter les phénomènes où entrent des milieux, des conceptions, des motifs.

2° Il faut que les données des documents soient suffisantes pour fournir des chiffres de phénomènes à plusieurs moments, ce qui est très rare pour les époques anciennes. Dans le cas où les documents seront suffisants, la description pourra être accompagnée de tableaux de chiffres ou de courbes ; c'est ainsi qu'a procédé M. Bienaimé dans ses études sur l'évolution du prix des denrées à Paris au XIXe siècle.

Pour *constater* l'évolution on peut se contenter de dresser le tableau complet de toute la vie économique d'un pays à plusieurs moments successifs et de rapprocher ces tableaux d'ensemble. Mais pour *comprendre* l'évolution il faut établir des comparaisons partielles entre les faits constatés à différents moments.

Ici se pose la principale difficulté pratique. On ne peut pas rapprocher des faits au hasard : il ne faut rapprocher, pour les comparer à des moments différents, que les faits analogues et entre lesquels il y a eu continuité. Or la continuité est une notion subjective, une interprétation que notre esprit se donne de la succession des faits ; l'observation directe ne fournit que des états successifs sans lien. Ce lien de continuité est une forme du lien de causalité, une forme beaucoup plus vague, et plus sujette à erreur.

En fait la notion d'évolution nous est donnée par l'observation biologique. Nous voyons l'être vivant se transformer graduellement sans cesser d'être le même individu, l'évolution continue est ici évidente. Nous voyons se succéder les individus issus l'un de l'autre, et dans certains cas nous les voyons se différencier peu à peu, chaque génération s'écartant un peu plus du premier ancêtre; la continuité est ici encore évidente, et nous constatons l'évolution de l'espèce.

Cette notion d'évolution acquise par la biologie, nous la transportons dans la vie sociale. Ici il a fallu procéder par analogie, en employant une métaphore inconsciente. On a comparé un groupe d'hommes, — la nation anglaise par exemple — à un individu biologique; on a comparé à une espèce animale la succession des hommes dans un même groupe. On est arrivé ainsi à concevoir « l'évolution de la société », ce qui est déjà une métaphore.

On est allé plus loin. Dans la société on a abstrait un sous-groupe formé d'hommes distingués des autres par une fonction spéciale, c'est-à-dire par un système de rapports continu avec la masse de la société; on a isolé ainsi le gouvernement, l'armée, le clergé, la magistrature; on a opéré de même avec une classe, la noblesse, la bourgeoisie. On a pu alors considérer les changements successifs de cette organisation ou de cette classe comme une évolution; on a eu l'évolution du gouvernement, de l'armée, de la bourgeoisie. C'est une métaphore au deuxième degré, car on n'a pas la connaissance directe d'une continuité entre les gouvernements ou les bourgeoisies d'un même pays à différents moments successifs. Il n'y a pas de lien biologique entre eux, il n'y a pas d'être qui soit le gouvernement ou la bourgeoisie.

Enfin on en est arrivé à abstraire un usage, une langue ou même un simple détail, un mot, un procédé technique, un système de production ou de répartition ; et on a parlé de l'évolution d'un mot, ou de l'évolution de l'architecture, ou de l'industrie du drap, ou du commerce par canaux. C'est une métaphore au troisième degré, car ici il n'y a même plus d'indice de continuité biologique, il n'y a que la transmission d'un usage par imitation, c'est-à-dire par voie subjective.

Il faut donc comprendre la portée réelle du mot « évolution », quand on l'applique aux phénomènes sociaux. Il n'a pas le même sens qu'en biologie. Il n'implique pas une continuité matérielle, une causalité biologique, la série des états ou des actes d'un même individu ou d'une lignée d'individus engendrés les uns des autres. Il ne désigne qu'une ressemblance, qui peut parfois avoir son origine dans une transmission héréditaire, mais à laquelle on peut presque toujours présumer des causes purement subjectives, la convention sociale, l'éducation ou l'imitation. La continuité est ici abstraite. Si nous appelons évolution toute la série des changements que nous avons réunis en un groupe, c'est parce que nous admettons une continuité entre les états successifs; mais nous ne savons pas d'avance par quel procédé s'est établie cette continuité et il est probable *a priori* que ce n'est pas par le processus biologique de la transformation individuelle et de la filiation.

La continuité ainsi comprise peut être établie entre plusieurs espèces de faits.

La plus facile à constater, et la plus abstraite, est l'évolution d'une habitude; — soit d'un procédé d'action, ou d'une conception, — soit du produit matériel d'une opération, — l'évolution de la technique d'un métier, ou de l'appréciation de valeur d'un objet ou des objets fabriqués par une industrie donnée. On peut étudier par exemple l'évolution de la technique du fer, des prix du fer, de la forme et de l'emploi des barres de fer. Pour établir ce genre d'évolution il suffit de comparer les descriptions ou les chiffres obtenus par l'étude des procédés ou des habitudes économiques ou des produits à plusieurs époques successives. Le sens de l'évolution ressortira de la comparaison même entre les habitudes d'action ou de pensée en matière économique pendant une période de la vie d'un peuple.

Puis on peut chercher l'évolution de l'organisation, c'est-à-dire des rapports entre les hommes établis par une convention obligatoire ou volontaire, expresse ou tacite ; ce sont les institutions de la vie économiques. On étudiera les conventions pour la division et l'organisation du travail entre les hommes, pour le transfert des objets, pour la répartition de la jouissance des objets. L'évolution apparaîtra par la comparaison du système des institutions économiques à des époques successives.

On aura aussi à étudier les changements des conditions matérielles naturelles qui fournissent aux hommes les moyens matériels d'action et leur imposent les limites de leur action, le climat, le sol, la faune et la flore, les facilités de communication. On examinera les changements des conditions matérielles créées par les hommes eux-mêmes, qui constituent un aménagement durable et un milieu artificiel nouveau. On devra chercher s'il y a eu évolution, c'est-à-dire changement dans un même sens, de quelques unes de ces conditions naturelles ou artificielles.

Enfin, après toutes ces comparaisons abstraites ou extérieures, il restera à examiner l'évolution proprement biologique, le changement des individus eux-mêmes. Il s'agit ici du *personnel* qui crée la vie économique. Y a-t-il eu un changement de personnes ? soit disparition des anciens individus ou introduction de nouveaux, soit changement dans le nombre ou la position réciproque des individus? Alors seulement on peut connaître la nature de l'évolution ; on peut voir s'il y a eu continuité réelle, matérielle, biologique entre les individus ; ou si au contraire les individus ont changé et si la continuité est purement subjective.

Après avoir déterminé les différentes espèces d'évolution, — évolution des habitudes, de l'organisation du milieu matériel, du personnel, — on se trouve en présence d'une difficulté pratique. Comment présenter l'ensemble de l'évolution qu'on aura constaté analytiquement? Dans quel cadre ranger les faits ? C'est une difficulté d'exposition, qui ne comporte pas de solution uniforme.

Si on ne veut faire que la monographie d'un fait économique, on est réduit à adopter un cadre partiel ; on ne peut présenter que l'évolution d'un trait de la vie économique. Le cadre naturel en ce cas sera l'étude de l'évolution d'une habitude donnée (usage, procédé, organisation), ou d'un groupe de procédés ou d'institutions ayant pour but une espèce donnée de résultat. C'est le résultat qui guidera le choix des faits à réunir, car le résultat d'une opération est la conséquence du but de l'opération, et le but, autrement dit le motif, est le phénomène directeur de toute la vie économique. Il est plus rationnel de chercher l'évolution des objets destinés à servir d'armes (l'industrie des armes) que l'évolution des objets fabriqués en bois ou en cuir.

Si l'on veut arriver à une étude d'ensemble, il faudra réunir l'évolution des organisations et des habitudes communes à un même groupe d'hommes. La difficulté sera de déterminer le groupe qu'on doit considérer comme unité en matière de vie économique. Les groupes désignés par un nom d'ensemble sont d'ordinaire des groupes politiques unis par la communauté de gouvernement, des nations, le lien économique n'est pas identique au lien national. Rationnellement on n'a pas le droit de grouper les faits économiques dans le cadre de nation, c'est-à-dire de gouvernement. Pourtant, — en attendant qu'on ait déterminé le lien économique qui constitue les groupes économiques, — on n'a pas d'autre procédé que d'adopter l'un des cadres construits pour étudier d'autres phénomènes; on prendra donc une nation, un État ou une région géographique, mais on devra garder conscience du caractère empirique et provisoire de cet expédient. Tant que l'histoire de l'organisation économique ne peut être exposée que dans les cadres construits pour l'histoire politique, tant qu'on en est réduit à écrire l'histoire de l'agriculture, de l'industrie, du commerce, de la propriété en Angleterre, en Allemagne, en Grèce, c'est que l'histoire économique n'a pas encore établi la nature de la solidarité économique. Si elle y parvient, elle pourra grouper ses faits dans des cadres à elle.

II. — L'étude de l'évolution économique comporte des conditions spéciales aux trois branches de l'activité économique, production, transfert, répartition. Elles peuvent s'exprimer sous forme de questions.

1° Pour la *production*, l'évolution se produit dans 1° le but que se proposent les producteurs; 2° le milieu qui rend les opérations plus ou moins faciles ou avantageuses; 3° les procédés techniques des opérations; 4° la division du travail dans chaque espèce de profession.

Après ces questions particulières se posent les questions d'ensemble. Quelle a été l'évolution dans la répartition de l'ensemble des hommes entre ces diverses occupations? La proportion s'est-elle modifiée dans un sens constant? Y a-t-il eu évolution dans la proportion de la quantité des diverses espèces de produits? Y a-t-il eu une évolution générale commune à plusieurs ou à tous les groupes civilisés, soit dans les procédés de travail, soit dans la division du travail ? Y a-t-il eu une évolution constante commune aux diverses périodes de l'humanité ?

2° Pour le *transfert*, l'évolution consiste dans un changement 1° des procédés de transport (depuis le sentier jusqu'au chemin de fer), 2° des voies de commerce, 3° de l'organisation du personnel des transports, 4° des procédés d'échanges (depuis le troc jusqu'à la spéculation), 5° de la distribution des centres.

Puis viennent les questions d'ensemble. Y a-t-il eu évolution générale dans la répartition des procédés de transport et de commerce ? dans la proportion des quantités transportées ou sujettes à des opérations commerciales ? évolution dans la proportion du personnel employé ? évolution dans le système général du commerce ? Peut-on suivre une évolution commune à plusieurs groupes de peuples ? ou commune à l'histoire de l'humanité ?

3° Pour la *répartition*, l'évolution se produit dans les procédés d'appropriation, de jouissance, de transmission, dans la répartition des objets appropriables entre les divers modes d'appropriation et de jouissance ; dans la proportion des quantités d'objets appropriés aux mêmes individus.

Puis viennent les questions d'ensemble. Y a-t-il eu évolution générale dans le système d'appropriation, de partage, de jouissance, de transmission ? Y a-t-il eu une évolution commune à plusieurs peuples ? Une évolution continue dans l'histoire de l'humanité ?

III. — Pour comprendre la transformation, on commence par se représenter deux ou plusieurs états du même groupe à des moments successifs ; on cherche ensuite par quels moyens le groupe a passé d'un état à un autre. Ici intervient la *cause*, au sens empirique, c'est-à-dire les conditions sans lesquelles l'état n'aurait pas changé. Cette constatation peut se faire par différents moyens.

1° Directement, l'observateur qui a écrit le document a eu la connaissance, ou plutôt l'impression, que tel fait a été la cause du changement et il l'a dit. *Latifundia perdidere Italiam*, dit Pline ; c'est qu'il a eu l'impression que les grands domaines ont fait abandonner la culture du blé et remplacer les cultivateurs libres par des bergers esclaves. L'affirmation des auteurs de documents est, à vrai dire, la principale source où nous prenons la connaissance des causes en histoire.

2° Indirectement, après avoir constaté séparément dans les documents les états successifs, nous inférons des conditions où se trouvaient les choses avant le changement comparées aux conditions où elles se sont trouvées après, que le changement doit être attribué à tels faits, que nous appelons causes. Nous cherchons l'état de la population dans les pays soumis par les Romains ; nous trouvons avant la conquête une population d'hommes libres [1], au temps des Antonins une population rurale formée surtout d'esclaves, au ve siècle une population très rare. Nous en inférons que la conquête romaine a abouti à remplacer les cultivateurs libres par des esclaves et qu'ensuite l'esclavage a été cause de la dépopulation.

La première difficulté est d'établir le changement qui s'est produit entre deux moments. Il est bon de prévoir sous quelle forme on peut le constater.

Premier cas. — On aperçoit des actes ou des faits apparents qui ont produit un changement direct, voulu par les auteurs des actes. Ils sont très fréquents dans la vie politique ; ce sont les guerres, les ordres donnés par les chefs, les lois, les révolutions, etc. Ils sont rares en matière d'usages et de faits sociaux ; — sauf les événements généraux, tels que conquête ou invasion, qui réagissent sur toute la vie, même sociale, et qu'il faut toujours connaître, pour y chercher d'abord l'explication des changements.

Deuxième cas. — On aperçoit des changements

(1) Dans la mesure, assez restreinte, où les documents nous font connaître l'état des pays conquis au IIe siècle.

d'usages ou d'arrangements sociaux, ou d'états, en comparant les usages, les arrangements, les états, à deux moments différents : c'est le procédé employé pour dresser les tableaux de chiffres et les graphiques, il s'applique même aux cas où la connaissance n'est que qualitative. En comparant l'organisation des ouvriers anglais en 1824 et de nos jours, on n'a pas de peine à constater le changement produit par les trade-unions.

La vraie difficulté, c'est de pouvoir comparer toujours le même groupe à des moments différents ; le danger, c'est de comparer sans s'en apercevoir les usages ou l'organisation, non pas de moments différents, mais de groupes différents. Au sens strict il n'y a de vraiment comparable que les mêmes *individus* à des moments différents. En comparant un groupe de même nom, le Parlement ou une Trade-union, à deux moments différents distants d'un siècle, on ne compare pas ensemble les états d'un même groupe concret à deux époques successives ; car les individus du Parlement ou de la trade-union de 1800 sont *tous* morts en 1900 ; on compare deux abstractions ou deux formes. Le danger est donc de personnifier ces abstractions, d'opérer comme si elles avaient évolué par une force interne propre, à la façon d'un organisme. Ce n'est pas l'erreur seulement de ceux qui conçoivent la société comme un organisme réel, c'est l'erreur de presque tous les historiens de phénomènes spéciaux enfermés dans une espèce unique de faits. Ils arrivent presque irrésistiblement à s'imaginer une évolution propre de la langue, du droit, de l'Église, des institutions ; seuls les historiens d'événements échappent à cette illusion, parce que leurs études leur font voir surtout des individus.

Troisième cas. — On constate des changements de personnes dans un groupe, de façon que la masse du groupe change graduellement par un renouvellement continu des individus qui la composent. C'est probablement le processus normal de l'évolution. Les hommes n'aiment pas à changer leurs usages ou leur organisation ; mais c'est le groupe qui change de matière. Les hommes qui le composaient meurent peu à peu (ou se retirent), ils sont remplacés par des hommes différents qui agissent autrement. Le fait est assez apparent dans les établissements de production. Le moyen le plus rapide pour changer les procédés de travail c'est de changer les ouvriers.

Le changement peut même se produire sans que les individus soient morts ou que les membres nouveaux du groupe aient adopté une façon de penser ou d'agir différente de celle des membres anciens. C'est ce qui arrive lorsque des hommes se déplacent et vont dans d'autres groupes ; ou bien quand il naît de nouveaux hommes : l'agencement de la société organisé pour un nombre donné doit alors être changé pour s'adapter à un nombre d'hommes plus grand ; ou même, s'il reste pareil en apparence, il ne fonctionne plus de même façon. Ainsi la Chambre des représentants aux Etats-Unis a été transformée par l'accroissement du nombre des représentants.

Quatrième cas. — En matière d'objets matériels, les aménagements, tels que cultures, digues, routes, maisons, et les produits, tels que meubles, numéraire, capitaux, s'accumulent ou se remplacent par d'autres, de façon à transformer les conditions matérielles de la vie.

Toute transformation graduelle est difficile à constater, parce que les hommes ou les objets qui se renouvellent se remplacent peu à peu. Mais la difficulté n'est pas égale pour toutes les histoires. Elle est moindre pour les espèces de faits où l'action des individus est plus apparente, où les documents désignent souvent les acteurs par les noms propres ; ce qui arrive dans les arts, les sciences, les doctrines, la vie politique. On voit dans les documents une génération d'hommes politiques, de savants ou d'artistes, succéder peu à peu à la précédente. — En matière de langue, d'usages privés, ou de religion, la constatation est déjà plus difficile ; mais encore peut-on atteindre quelques influences d'individus et voir si le moment où un changement se produit correspond à la période de leur vie active. — La difficulté est au maximum pour les faits sociaux, démographiques ou économiques. Là on voit les phénomènes se succéder sans apercevoir les changements concrets, les documents ne montrent pas le renouvellement des générations.

Cette difficulté de constater le changement concret rend plus difficile d'atteindre les causes des faits sociaux par les procédés historiques. Les documents indiquent rarement une cause aux évolutions de ces faits, parce que les actes frappants en ces matières sont très rares ; sauf les révolutions produites par une invention technique il ne se produit guère que des transformations lentes et continues. Et il est très dangereux d'opérer par inférence, parce qu'on n'atteint pas la cause la plus active des transformations, qui est le changement des individus. On doit donc être particulièrement prudent si l'on veut découvrir la cause des évolutions sociales.

Ainsi l'histoire sociale présente des difficultés spéciales. Les unes tiennent à la nature des documents, plus rares et plus exposés à l'erreur, parce qu'ils portent sur des faits peu frappants, moins souvent observés et notés, — et sur des faits extérieurs, plus difficiles à atteindre avec certitude, parce qu'il faut pour y arriver passer par l'intermédiaire de la pensée de l'auteur. Les autres tiennent à la nature même de la construction de l'histoire sociale, à la difficulté de déterminer les quantités, de préciser les groupes, d'atteindre l'évolution. Ces difficultés expliquent les lacunes et les erreurs qui ont retardé la constitution de l'histoire sociale.

CHAPITRE XVII

NÉCESSITÉ DE COMBINER LES DIFFÉRENTES SORTES D'HISTOIRES

I. *Étude statique.* — Lien entre les faits, Montesquieu, l'école allemande. — Solidarité entre les habitudes, solidarité entre les actions collectives.

II. *Étude de l'évolution.* — Lien entre les transformations.

III. *Méthodes de rapprochement des faits.* — Spécialistes et généralistes.

Il reste à indiquer dans quel rapport l'histoire sociale est avec l'histoire en général. Mais, comme on pourrait se demander s'il est vraiment utile de connaître les rapports entre l'histoire sociale et les autres branches d'histoire, il est bon de faire voir d'abord l'importance pratique de cette étude.

L'expérience a montré que le seul procédé pratique pour constituer une science est d'étudier séparément les diverses espèces de faits en isolant méthodiquement chaque science spéciale. C'est par ce procédé seulement qu'on parvient à résister à la tendance naturelle qui est de commencer par une vue synthétique de l'univers. La marche spontanée de l'esprit humain serait de chercher d'abord à connaître l'essence du monde et la cause première des choses : en Grèce comme dans l'Inde la forme primitive de la science a été la métaphysique. On n'est parvenu enfin à se dégager de cette confusion qu'en créant des sciences spéciales uniquement consacrées à *constater* les phénomènes. Chacune s'est constituée séparément et reste indépendante des sciences voisines : la mécanique, la physique, la chimie, la biologie ont des territoires communs, mais chacune se suffit à elle-même.

Il est légitime de se demander si l'on ne peut pas opérer de même avec les sciences des phénomènes humains. Ne peut-on pas isoler l'histoire sociale des autres histoires ? Pour résoudre la question, il faut examiner dans quelle condition se trouvent les phénomènes humains qui sont les objets de l'histoire, afin de décider si l'on peut assimiler à une science indépendante la connaissance d'une seule espèce de faits, et par conséquent chacune des branches d'histoire. S'il en est autrement, on verra quel compte on doit tenir de ce caractère spécial de la connaissance historique.

L'étude des phénomènes humains se fait par deux opérations, toutes deux nécessaires : 1° l'étude des faits simultanés, aboutissant au tableau descriptif de la société à un moment donné, ce que le vocabulaire de certains sociologues appelle une étude *statique* ; 2° l'étude des faits successifs, aboutissant à la description de l'évolution dans la suite des temps, ce que les mêmes sociologues appellent étude *dynamique* [1].

I. — L'étude statique consiste à décrire l'état de phénomènes humains. Pour les examiner on est conduit à analyser l'ensemble des manifestations d'activité humaine et l'ensemble des conditions matérielles de la vie humaine, à les grouper en un nombre assez grand de catégories et à étudier séparément chaque catégorie. Ainsi se fait le tableau d'une langue, d'un art, d'une religion, d'un régime de vie, d'un système de droit ou d'institutions, d'un gouvernement. — De même pour les conditions matérielles on peut abstraire et étudier à part l'état démographique, le système de routes, les cultures, etc. Mais tous ces tableaux sont abstraits ; ils *décrivent* une espèce d'activité humaine (ou une espèce de conditions), avec la précision nécessaire pour la connaissance scientifique, mais en l'isolant des autres espèces. Or dans la réalité les espèces différentes d'activité ne sont pas isolées, car elles sont les actes différents d'un même individu ou d'un même groupe

(1) Ces termes sont employés d'une façon méthodique par l'école américaine de Patten.

d'individus. La façon de se conduire ou de penser en religion n'est pas indépendante de la façon de penser en science ; les habitudes politiques ne sont pas indépendantes des habitudes économiques et réciproquement. Sans doute, en toute espèce de réalité, les faits provenant d'un même ensemble réel concret sont liés entre eux ; cela est très apparent déjà en physiologie. Mais le lien est bien plus étroit en matière d'actes humains. Car plus l'activité est complexe, plus la dépendance est grande entre les différentes formes d'activité d'un même être.

Ce lien entre les diverses sortes d'activités d'une même société, et par suite entre les diverses branches d'études humaines, les anciens ne l'ont pas formulé nettement, parce que la science humaine était ou trop peu avancée analytiquement ou trop métaphysique. On a commencé à l'entrevoir au XVIIIe siècle, quand l'histoire a commencé à se constituer. Voltaire n'en parle pas, parce que son esprit très clair et très prudent l'a retenu dans les constatations analytiques. Montesquieu en a eu une idée, mais encore confuse et restreinte à l'espèce de faits qui l'intéressaient directement, les *lois*. Il a cherché le lien entre la législation et l'ensemble de la vie sociale ; peut-être parce qu'il ne distinguait pas bien clairement les lois au sens humain (législation et droit) des lois au sens scientifique, les « rapports nécessaires qui dérivent de la nature des choses », comme il les appelle lui-même.

L'idée de ce lien nécessaire a été formulée en Allemagne, sous une forme philosophique semi-mystique par Herder; elle a pris une forme précise chez ses disciples, les créateurs de « l'école historique », Eichhorn, Savigny, Niebuhr, qui ont étudié surtout le lien entre le droit et les autres activités. Ainsi s'est formée la notion du *Zusammenhang*, compliquée encore d'une conception confuse semi-mystique, le *Volksgeist* (l'esprit du peuple), par lequel on expliquait la solidarité entre les diverses activités d'un même peuple.

Au XIXe siècle l'idée de la solidarité entre les phénomènes humains s'est peu à peu éclaircie, lentement, parce que la métaphysique de Hegel a longtemps empêché d'en préciser le mécanisme, en expliquant la solidarité par une formule mystique, l'*Idée* réalisée dans l'histoire. Cette partie de la logique et de la méthodologie de l'histoire a été imparfaitement[1] débrouillée, le mécanisme de la solidarité entre les phénomènes est encore mal connu.

Il semble qu'on peut distinguer deux processus.

1° Il existe une solidarité entre les habitudes d'un même individu. Un homme n'est pas un mécanisme

(1) On peut s'en assurer en lisant dans Bernheim, *Lehrbuch der historischen Methode* le paragraphe 4 du chapitre V.

à compartiments séparés, dans chacun desquels se ferait une espèce de travail spécial indépendant des autres : une pensée philosophique ou scientifique, une croyance religieuse, une conception morale, une façon de s'habiller, de se loger, d'arranger son temps, de se distraire, de gouverner ou d'obéir. Au contraire, tout homme est un ensemble continu où toutes les activités partent d'un même centre cérébral ; c'est le même homme qui fait sa science, son art, sa croyance, ses actes privés, politiques et économiques. Ce centre commun dirige à la fois les deux espèces d'opérations qui constituent la conduite d'un homme et par conséquent l'ensemble de sa vie en société; ses représentations (conceptions et motifs), qu'on appelle *intelligence*, — ses impulsions, c'est-à-dire ses actes extérieurs, qu'on appelle *activité*.

Les représentations d'un homme ne se divisent pas en pensées entièrement indépendantes les unes des autres ; elles forment un ensemble qui peut être plein de contradictions logiques, mais où la plupart des conceptions pratiquement importantes sont liées psychologiquement entre elles. Il n'y a pas de terrains intellectuels délimités, consacrés chacun à une espèce unique d'activité ; toute pensée peut avoir des applications sur plusieurs sortes de terrain. Et ce n'est pas même toujours une conception morale générale ; une pensée spéciale peut aussi agir sur toute espèce d'acte. C'est par suite d'une interprétation spéciale d'un texte que le quaker ne porte pas de boutons, que le juif ne mange pas de porc, que l'architecte chrétien prend pour plan de son édifice une croix. De même une idée scientifique sur l'action physiologique du thé, du tabac, de l'alcool, a mené à transformer le régime anglais des douanes et le régime des contributions françaises. Les exemples particuliers seraient innombrables de cette action imprévue d'une conception particulière sur des branches toutes différentes de la vie humaine.

A plus forte raison le système d'impulsions intérieures qui fait agir un homme, — ce que nous appelons faute de savoir préciser le *caractère* ou le *tempérament*, — n'est pas une série d'impulsions spéciales se rapportant chacune à une espèce d'actes déterminés. Il n'y a pas de impulsions scientifiques, des impulsions religieuses, des impulsions économiques, des impulsions politiques. Là l'unité est trop évidente, chaque homme apporte son *tempérament* unique dans les manifestations multiples de son activité. Le classement des actes par catégories est tout abstrait ; ce n'est qu'un procédé de recherches, il ne répond à aucune réalité intérieure dans l'individu. On ne peut donc parler d'activité artistique, religieuse, économique, politique qu'en se restreignant à considérer les *conséquences* des actes, en négligeant le point de départ, la *production* de l'acte. Dans la réalité il n'existe que des centres d'activité d'ensemble. Le tempérament naturel donne à toutes les manifestations d'un même homme un même caractère. Cette solidarité est très mal étudiée encore, on ne l'aperçoit nettement que dans les cas extrêmes, en comparant un barbare à un civilisé. Mais il y a certainement un lien étroit entre les actes d'un même homme ou d'un même groupe d'hommes, un lien si étroit qu'on est enclin à l'attribuer à une cause spéciale, « l'esprit » ou « le génie » de l'homme ou de « la race » ; façon confuse, semi-mystique, anti-scientifique, de désigner ce caractère d'ensemble. Du moins est-il évident qu'on ne pourrait espérer arriver à comprendre les faits humains si l'on négligeait un élément aussi important.

Outre le tempérament naturel, les hommes ont des formes d'activité acquises, soit par l'éducation, soit par l'imitation. Il est plus facile de préciser ces formes que de démêler les activités spontanées, parce qu'on peut les voir acquérir ; on peut, dans quelques cas au moins, apercevoir des hommes qui reçoivent une éducation ou qui commencent une imitation. Evidemment ces activités acquises ont une action sur l'ensemble de l'individu. Peut-être les habitudes acquises d'actes très spéciaux, tels que l'écriture ou le vêtement, agissent-elles faiblement. Mais l'action est forte quand ce sont les habitudes d'actes très généraux, tels que commander sans résistance, obéir sans examiner, opérer par violence ou par ruse. Les habitudes, agissant sur des domaines très différents d'activité, religieux, économique, politique, établissent un lien solide entre les habitudes ecclésiastiques, politiques, économiques d'une même société.

2° L'autre processus est la solidarité entre les actions collectives d'un même groupe. Sans doute les groupes humains ne sont pas pareils à des espèces animales[1]; ils réunissent des hommes qui ne sont solidaires entre eux que par une partie de leur vie. Il serait donc antiscientifique d'admettre *a priori* une solidarité complète entre les hommes d'un même peuple. Mais un peuple n'est pourtant pas un groupement d'hommes réunis par un système d'institutions d'une seule espèce. Il n'existe pas autant de groupes sociaux qu'il y a de branches d'activité humaine; il n'existe pas un groupe ecclésiastique, un groupe d'industrie, un groupe de commerce, un groupe de politique. Au contraire, un groupe étant d'ordinaire formé de gens qui vivent sur un territoire commun où leurs contacts sont fréquents,

(1) Voir plus haut p. 219.

il y a pour chaque groupe beaucoup de systèmes d'activité commune.

Entre ces systèmes d'actions collectives on doit présumer une solidarité. Elle est encore plus difficile à préciser que la solidarité du caractère individuel. C'est là une des questions les plus controversées de la sociologie ; on essaie même de la résoudre par des hypothèses métaphysiques « le génie du peuple », ou « l'âme sociale ». Dans ce complexe de faits collectifs, nous n'arrivons même pas à distinguer nettement les conceptions des impulsions. Y a-t-il, même dans l'organisation des actes collectifs —, tels que division du travail, commerce, gouvernement —, autre chose que des conceptions transmises par l'éducation ou l'imitation? Y a-t-il une part d'impulsion naturelle, de tempérament, une disposition collective ou du moins commune aux descendants d'un même peuple, à adopter plutôt une certaine forme d'arrangement social? par exemple une hiérarchie sans contrôle comme dans le régime de l'Église catholique, ou un système de délégation comme dans les régimes représentatifs, ou des liens personnels comme dans le régime féodal, ou des règles abstraites comme dans les sociétés démocratiques? En tout cas il n'est guère possible de distinguer ici le tempérament des habitudes.

On n'arrive donc qu'à une notion très confuse de « quelque chose » de collectif qui pousserait la masse d'un peuple à adopter une forme d'arrangement collectif; ce « quelque chose » étant ou des conceptions, ou un tempérament, ou des habitudes. Mais de quelle sorte sont ces conceptions ou ces habitudes? Sont-elles dans les individus? Ou dans le peuple? On a cru répondre par la formule de la « conscience collective ». La question est encore trop peu étudiée par une méthode analytique; on n'a pas encore recherché avec une précision suffisante les actions réciproques des divers mécanismes collectifs pour avoir le droit de formuler une explication. Mais il est évident que ces actions réciproques sont importantes; les mécanismes ecclésiastique, politique, économique, sont liés si étroitement qu'on ne peut étudier l'un sans connaître l'autre, au moins dans son ensemble.

Puisque l'organisation économique est liée aux autres espèces de faits historiques, qu'elle en est tantôt la cause, tantôt l'effet, il est évident qu'on ne peut isoler la connaissance de l'histoire économique de l'étude des autres histoires. Pour des nécessités pratiques on peut commencer par l'isoler provisoirement, on peut d'abord analyser les faits pour les déterminer en détail avec précision. Mais il faut ensuite les rapprocher des autres pour comprendre leur place dans l'ensemble social purement analytique des phénomènes sociaux. Ainsi il n'est pas possible de se borner à une étude, on ne peut opérer sans tenir compte et de la solidarité entre les conceptions ou les actes d'espèces diverses et de la solidarité entre les différents mécanismes collectifs. Il faut d'abord analyser les phénomènes pour les constater, mais il faut embrasser l'ensemble pour les comprendre.

II. — L'étude dynamique consiste à déterminer l'évolution de chaque espèce de phénomènes, puis l'évolution de chaque société dans son ensemble, enfin l'évolution générale de l'humanité. Elle commence par constater la série des transformations de chaque activité, pour voir si elles vont dans le même sens. S'il y a évolution [1], elle examine de quelle nature est l'évolution, avec quelle rapidité elle se produit, suivant quelle marche. Mais pour comprendre vraiment l'évolution, il faut arriver jusqu'à en atteindre les causes ; ce qui est tout à fait impossible tant qu'on s'enferme dans les branches spéciales d'histoires, tant qu'on s'en tient à l'histoire de l'évolution de la langue, du costume, de la religion, du commerce. Car il faut chercher les causes là où elles peuvent se trou-

(1) Voir plus haut p. 141 l'explication de cette notion.

ver; et rien n'autorise à présumer qu'elles soient précisément dans l'activité spéciale dont on a tracé l'évolution, que la langue ait changé pour des raisons linguistiques, le commerce pour des raisons commerciales. Au contraire la solidarité des activités différentes est si étroite que tout changement d'habitudes important dans un ordre d'activité amène forcément des changements dans les autres ordres. Le changement de religion ou d'organisation politique réagit nécessairement sur les habitudes économiques.

L'explication est la même que pour la solidarité entre les phénomènes d'une même société à une époque donnée. Quand un homme ou un groupe changent d'habitudes dans une branche d'activité, l'ensemble de leurs conceptions et de leur conduite est modifié; et il peut l'être au point de produire un changement important dans une autre branche. Une cause plus forte encore d'évolution c'est le changement de mécanisme collectif; le passage d'un régime politique à un autre retentit sur tous les actes de la vie. Taine a même essayé d'expliquer toute l'évolution de la littérature anglaise par les changements d'organisation politique.

Quant à l'étude de l'évolution de l'ensemble d'une société, elle est par elle-même une étude d'ensemble. Il est impossible d'étudier l'évolution d'une société autrement qu'en embrassant les différentes espèces d'activité, par conséquent en rapprochant les différentes branches d'histoire spéciale. C'est le seul moyen de voir quelles habitudes caractéristiques et quels mécanismes généraux ont prédominé aux différents moments de l'évolution de cette société.

L'histoire des phénomènes démographiques et économiques ne peut donc être isolée des autres branches de l'histoire. Pour comprendre le caractère de ces faits et leur place dans la réalité, il faut les rapprocher des autres phénomènes humains.

III. — Ce rapprochement peut se faire par deux procédés.

1° Le spécialiste d'histoire sociale peut étudier, d'après les autres historiens, les phénomènes principaux des autres branches. Cela n'est possible pratiquement que s'il peut se restreindre aux branches d'histoire les plus instructives pour lui, il lui faut donc un guide dans le choix de ces études. C'est la pratique de l'histoire générale qui seule peut le guider, en lui montrant quelles espèces de faits agissent le plus certainement sur les faits économiques ou démographiques, — et par conséquent quelles sont les branches d'histoire les plus utiles pour lui.

2° Les spécialistes se borneront à constater les faits

chacun dans son domaine. Après quoi d'autres travailleurs combineront les constatations isolées pour en former un ensemble, ils feront le métier d'ajusteurs. Ceux-là devront se rendre compte de la valeur des résultats exprimés dans les formules des spécialistes, afin de pouvoir en faire la critique; il leur faudra donc une connaissance précise des procédés de travail des spécialistes de chaque branche. Il leur faudra de plus une idée claire et juste des rapports entre les différentes espèces de faits pour les ajuster ensemble, sans fausser leur importance relative et sans introduire des conjectures subjectives sur les relations de causalité. Ils auront besoin d'une méthode rigoureuse qui commence par juxtaposer les résultats et qui attende d'avoir comparé plusieurs évolutions avant de conclure sur les causes et les effets.

Spécialistes et « généralistes » peuvent ainsi collaborer à ce travail nécessaire d'où sortira la philosophie de l'histoire sociale au sens scientifique.

CHAPITRE XVIII

SYSTÈMES D'HISTOIRE SOCIALE

I. *Tendance à l'unité.* — Forme mystique et métaphysique. — Formes contemporaines. — Formes économiques. — Saint-Simon. — Marx et son école.

II. *Critique du matérialisme économique.* — Analyse incomplète des conditions matérielles. — Analyse fausse du lien entre les actes économiques et les autres actes.

Comment déterminer le lien entre les faits de l'histoire sociale et les autres faits ? Il serait prématuré d'indiquer une méthode positive, car la méthode est encore à chercher. Mais il est nécessaire de garder l'esprit libre pour cette recherche, et l'histoire empirique fournit déjà des connaissances suffisantes pour nous défendre contre la tentation naturelle de nous placer en dehors des conditions d'une opération scientifique.

I. — La tendance la plus naturelle, — car on la trouve au fond de toute métaphysique, — c'est le besoin de ramener le chaos des phénomènes à l'unité. En matière d'histoire sociale cette tendance nous mène à chercher une cause unique fondamentale à tous les faits.

Tant qu'on cherche cette cause sous une forme visiblement métaphysique ou mystique, au-dessus des phénomènes réels, le travail n'aboutit qu'à une construction surajoutée à la description des faits, comme la formule musulmane « Allah l'a voulu ainsi », qui peut paraître inutile, mais qui n'empêche pas de voir les faits réels. Même quand on fait intervenir directement une cause mystique, la Providence par exemple, dans la direction des faits, on se place clairement sur un terrain qui ne peut pas être pris pour un terrain scientifique. Mais depuis qu'on a abandonné ces formules anciennes, on a remplacé cette métaphysique visible par une métaphysique cachée. On a renoncé à supposer une cause extérieure au monde, mais c'est dans les faits eux-mêmes qu'on s'est mis à chercher cette cause unique ou première.

La tentation naturelle est de prendre dans une des branches d'histoire une catégorie spéciale de faits et de la déclarer la cause fondamentale de tous les autres. On a pris la religion dans les époques où la religion était plus apparente, c'était la thèse de Vico ; la *Cité antique* de Fustel de Coulanges repose encore sur ce même fondement. Au XIXe siècle on a pris la science, c'est le système de Buckle et celui de Dubois-Reymond.

Il était naturel à ceux qui s'étaient spécialisés dans

l'histoire des faits économiques de prendre la vie économique pour cause fondamentale. Ainsi s'est fondée la théorie de l'interprétation économique de l'histoire, que les Marxistes surtout ont rendue célèbre [1].

L'origine de l'idée paraît être dans Saint-Simon, qui a été un grand fournisseur d'idées pour les philosophies de l'histoire, c'est lui qui a fourni à Augustin Thierry ses idées fondamentales. Il a aperçu l'action profonde des conditions économiques, — de l'organisation du travail et du mode de production, — sur la formation des classes sociales et l'action décisive des classes sur l'organisation politique. Il regardait l'organisation sociale comme un phénomène qu'on constate, qu'on ne produit pas, qui est une forme naturelle indépendante de la volonté des hommes. Il a vu que le progrès technique des moyens de production change la distribution de la société, et il a indiqué comment les intérêts économiques se lient aux organisations politiques. Mais il admet encore deux espèces de causes dominantes, et par suite deux histoires parallèles, coordonnées, non subordonnées, l'histoire économique, l'histoire idéologique. Il n'a pas cherché à les réduire à l'unité, et n'a pas construit un système d'ensemble.

(1) On en trouvera une exposition et une critique détaillées dans P. Barth, *Die Philosophie der Geschichte als Soziologie*, 1897.

Marx, reprenant l'idée de Saint-Simon, en a fait un système général et unique d'explication de toute l'évolution sociale humaine. La théorie, esquissée d'abord dans ses œuvres de circonstances, a été exposée dans *Zur Kritik der politischen Œkonomie*, 1859. Il a fini par en faire le fondement de l'histoire. Parmi les phénomènes économiques, il en a choisi un qui lui a paru la cause de toute l'organisation économique et par suite de toute la société, c'est le procédé de production, c'est-à-dire la forme du travail. C'est le changement du procédé de production qui amène les autres changements, c'est donc lui qui est la cause dernière de l'évolution.

La théorie, perfectionnée par Engels, a été formulée, et appliquée par plusieurs disciples de Marx, en Allemagne Kautsky, en Italie Loria et Labriola, *Essai sur la conception matérialiste de l'histoire, 1896*, aux États-Unis Brook Adams, *Law of civilisation and decay*, 1897, trad. franç. chez Alcan.

Cette théorie peut se résumer à peu près comme il suit. Les faits humains de tout genre, politique, droit, religion, art, philosophie, morale, ne sont que des conséquences de l'organisation économique de la société. Sans doute il faut tenir compte de la forme spéciale qu'ils ont prise dans l'imagination des hommes, et qui les rend différents des faits économiques; mais ils ne sont que des formes, des illusions, des prétextes; ils ne sont pas la cause des changements, même quand ils le paraissent.

Tous les faits historiques ne sont que des effets secondaires produits par les faits économiques, ou même de simples illusions. Les hommes croient agir au nom d'une conception pour obtenir un changement politique, ecclésiastique, religieux; mais ils ne sont à leur insu que les représentants d'une classe économique, porte-paroles d'une réclamation économique. C'est ce qu'on exprime par la formule : L'organisation économique est la *structure sous-jacente* de toute la société. Luther croyait lutter pour établir un dogme, mais ce phénomène religieux n'était que la forme de la structure économique sous-jacente : Luther n'était que le champion de la bourgeoisie allemande luttant contre l'exploitation fiscale de la cour de Rome. De même les Hussites s'imaginaient combattre pour obtenir le calice aux laïques, ils ne faisaient que traduire l'antagonisme social entre les travailleurs Tchèques et les classes dominantes.

On a expliqué par cette méthode comment l'organisation économique a produit la morale, l'organisation de la famille, l'esclavage, la souffrance des travailleurs. C'est ce qu'on a appelé parfois l'interprétation *matérialiste* de l'histoire : terme impropre, car le matérialisme est une doctrine métaphysique. L'explication de l'évolution de la société par l'action des phénomènes *matériels* n'est ni du matérialisme ni de la métaphysique et pourrait même logiquement s'accorder avec une métaphysique idéaliste. Le terme *interprétation économique de l'histoire*, adopté d'ailleurs par Thorold Rogers, définit plus exactement cette méthode.

II. — Ce qui explique la naissance de ces systèmes et leur succès temporaire, ce n'est pas seulement qu'ils satisfaisaient un besoin naturel de simplification en ramenant la société à une cause unique, et l'histoire de la civilisation à l'évolution d'un seul phénomène. C'est qu'ils répondaient au désir légitime de réagir contre la conception antérieure de l'histoire, œuvre exclusivement de lettrés, d'érudits, de juristes ou de romanciers qui, n'ayant jamais étudié que des faits littéraires, religieux, juridiques, politiques, avaient oublié ou ignoré l'action des conditions économiques et expliqué toute l'évolution humaine par des idées. Fustel de Coulanges attribuait à des changements dans la religion toute l'évolution des cités antiques. A cette conception tout idéaliste on a voulu opposer une conception matérialiste (en prenant le mot en un sens psychologique).

Cette réaction était en partie justifiée, mais elle a conduit à un système d'interprétation dangereux, dont il peut être utile de signaler les défauts. Ce système est parti de l'idée confuse que l'homme étant un animal, les actes humains collectifs comme les actes individuels, et par suite l'organisation et l'évolution de la société, doivent avoir une cause matérielle (de là le terme de conception matérialiste). Mais il aurait fallu dresser au moins un compte complet des conditions *matérielles*. On aurait vu que l'organisation économique n'est point du tout la seule, on en aurait aperçu plusieurs autres :

1° Le milieu géographique naturel, et le milieu artificiel qui déterminent beaucoup d'actes, en les rendant plus ou moins faciles, et conduisent les sociétés à adopter certaines espèces d'arrangement ;

2° Les conditions physiologiques héréditaires de la race (objet de l'anthropologie) qui agissent sur les impulsions, sur les actes et peut-être même sur la facilité à exécuter certaines opérations collectives ;

3° Le groupement actuel des individus humains avec leurs particularités matérielles, sexe, âge, maladie, etc. (objet de la démographie), qui facilite ou rend difficiles certains actes ou certains arrangements.

Toutes ces conditions matérielles auraient dû entrer en compte pour expliquer les actes humains et l'organisation des sociétés. Et même si, par excès de spécialisation, on s'enferme exclusivement dans la vie économique, on n'a pas le droit de la réduire à un seul facteur, en ne considérant que l'organisation du travail. Le désir de se procurer le maximum de jouissances avec le minimum de travail est sans doute un facteur important, mais ce n'est qu'un des phénomènes de la vie économique. Elle dépend aussi du degré des connaissances, des habitudes techniques qui agissent fortement sur la quantité et la qualité de la production ; elle dépend des idées sur la valeur relative des objets qui domine le choix des jouissances à rechercher. La vie économique consiste ainsi, pour une bonne part au moins, en phénomènes subjectifs (connaissances, habileté techniques, préférences), dont l'action se fait sentir constamment et qu'on n'a pas le droit d'éliminer.

Enfin, même si l'on écarte les facteurs subjectifs, l'organisation *matérielle* de la vie économique ne consiste pas seulement dans la division du travail et dans les procédés matériels de production et de transport. Elle comprend aussi les habitudes de distribution (régime de la propriété) qui ne dépendent pas seulement de la quantité à produire, mais de l'ensemble des faits antérieurs qui ont créé ce régime : faits de croyances, de morale, de politique.

Ainsi, même en acceptant le principe fondamental que l'explication de toute institution sociale doit être cherchée dans la vie matérielle, l'interprétation « matérialiste » serait grossièrement incomplète. Elle néglige systématiquement la plus grande partie des conditions matérielles et celles même qu'elle veut exclusivement considérer, elle les mutile arbitrairement.

La préoccupation des phénomènes économiques qui domine cette théorie a empêché de reconnaître la nature du lien qui unit l'organisation économique avec les autres arrangements sociaux, la politique, le droit, la religion, la morale, la science. On a admis que tous les actes de politique, de droit, de religion, de morale étaient ou des conséquences directes des arrangements économiques, ou des procédés ou des prétextes pour se procurer les biens matériels (économiques).

L'observation actuelle des faits ne confirme pas ce postulat, et l'analogie nous oblige à admettre que beaucoup d'actes antérieurs sont inintelligibles par cette explication. Les apôtres et les martyrs de toutes les religions, de toutes les sciences, de toutes les philosophies, de toutes les fois politiques, depuis Socrate et Jésus-Christ jusqu'à Blanqui et à Karl Marx, ont toujours été et sont encore caractérisés par l'indifférence aux jouissances matérielles qui constituent la vie économique. Les hommes n'agissent pas uniquement pour se procurer des jouissances matérielles. Les jouissances même matérielles de chaque homme ne sont pas en raison directe de sa place dans l'organisation économique. L'organisation sociale n'est pas créée exclusivement par les classes supérieures, ni exclusivement dans leur intérêt économique. Les sociétés se forment et se transforment sous l'action de conditions beaucoup plus variées que ne le suppose l'interprétation économique de l'histoire.

CHAPITRE XIX

LIEN ENTRE L'HISTOIRE SOCIALE ET LES AUTRES HISTOIRES

I. *Procédés pour déterminer le lien.* — Causes et conditions.

II. *Faits de démographie.* — Action des conditions matérielles, anthropogéographie, anthropologie. Caractère des faits matériels ; ils sont des conditions d'existence, non de direction.

III. *Faits économiques.* — Procédés pour saisir leur action sur les sociétés et leur action sur l'évolution.

IV. *Rôle de l'histoire sociale dans la connaissance de l'histoire.* — Rôle de la statistique. — Histoire économique.

I. — Tout système qui, pour expliquer la solidarité entre les diverses espèces de phénomènes sociaux, commence par admettre l'unité de la vie sociale, repose sur un besoin métaphysique d'unité contraire aux conditions de la méthode scientifique. On n'a pas le droit d'admettre *a priori* l'unité des phénomènes, pas plus en science sociale qu'en chimie. Si l'on doit arriver à constater un jour une unité cachée, ce ne sera qu'après avoir passé par une étude empirique qui aura tenu compte de la diversité évidente des faits constatés par l'expérience ; ce ne sera qu'après avoir établi méthodiquement l'espèce de dépendance qui unit les unes aux autres les différentes sortes de phénomènes. Il faut donc partir de l'observation empirique pour chercher le lien entre l'histoire des faits sociaux (économiques) et les autres branches d'histoire; et ce qu'il s'agit de trouver, c'est un lien de cause ou de condition.

La distinction entre la *cause* et la *condition* est faite par le langage courant (en allemand *Ursache* et *Bedingung*). En langage scientifique les conditions d'un fait sont les faits nécessaires pour que ce fait se produise; elles ne diffèrent donc en rien des causes. Quand on fait sauter un rocher en mettant le feu à un tas de poudre, le rocher, la poudre, le feu sont également conditions et causes. Mais dans la langue vulgaire — qui est celle de l'histoire et des sciences sociales, — la *cause* c'est le fait dernier qui précède immédiatement le phénomène appelé effet, le fait à la suite duquel il se manifeste aussitôt, c'est le feu mis à la poudre ; les *conditions*, ce sont les faits antérieurs, — le rocher et la poudre, — indispensables également à l'effet, mais insuffisants pour le produire. C'est là une distinction tout empirique. Comme les conditions antérieures ne produisent aucun effet visible, on ne les aperçoit pas d'abord; la condition dernière étant la seule apparente, c'est elle seule qu'on appelle cause. Les autres causes, on ne les trouve qu'à la réflexion et on les appelle conditions.

L'histoire narrative a été exclusivement occupée des causes dernières, les seules qui donnent à un récit l'intérêt dramatique. C'est l'étude réfléchie des sociétés qui a amené à examiner les conditions. Si l'on tient, pour parler une langue scientifique, à réunir sous une même notion les conditions et les causes, on sera du moins obligé dans la pratique à distinguer deux catégories : 1° les conditions ou causes passives, négatives, permanentes, nécessaires mais insuffisantes à produire l'effet ; 2° la cause ou condition positive, active, momentanée, qui précède immédiatement la production du phénomène.

Il se pose ici deux sortes de questions :

1° Comment les faits de l'histoire sociale agissent-ils sur les autres espèces de faits ? (ou plutôt comment les conditionnent-ils ?) Inversement, comment les faits des autres histoires agissent-ils sur la vie économique ?

2° En quoi la connaissance même de ces faits et de leur évolution, l'histoire, est-elle utile pour la connaissance des autres faits et évolutions ? En quoi l'histoire sociale sert-elle à la connaissance des autres branches ? Et inversement en quoi la connaissance des autres histoires est-elle utile à la connaissance de l'histoire sociale ? Ces quatre questions vont être étudiées ici en commençant par l'action des *faits sociaux* sur les autres faits et l'utilité de l'*histoire sociale* pour les autres histoires. L'action des autres faits et l'utilité des autres histoires seront traitées au chapitre suivant

Et d'abord les faits sociaux eux-mêmes, comment agissent-ils sur les autres ? Ici encore il faut distinguer les faits démographiques et les faits économiques.

II. — Les faits étudiés par la démographie sont des faits matériels, faits d'existence, de nombre, de répartition des hommes (population d'un pays, densité de la population, âges, sexes, maladies, crimes, professions), — faits d'existence, de quantité, et de répartition des objets (richesse totale, répartition des cultures, animaux, monnaies, instruments de production, moyens de transports, routes, canaux, chemins de fer, quantité de produits de tout genre ou de numéraire).

Il est évident que ces faits ont une action sur la vie sociale ; sans population, pas de vie sociale ; sans moyens d'existence et de production, pas de vie humaine. C'est la condition indispensable de tous les phénomènes humains. En ce sens, les faits de démographie seraient la « structure sous-jacente » de tous les faits historiques. Mais on pourrait attribuer le même rôle aux faits extra-humains de la géographie. Sans un sol et des eaux, pas de culture, pas de société humaine. Faut-il donc dire que la géographie est la cause fondamentale des sociétés et que les faits historiques ont leur cause dans les phénomènes géographiques ? C'est la thèse de l'*anthropogéographie* que Ratzel a essayé d'organiser en science.

Etudiées de près, les propositions de cette science apparaissent très contestables, — à moins qu'elles ne se réduisent à cette tautologie : « Là où l'homme ne peut pas vivre, il ne vit pas. » Il est très vrai que certain état géographique rend *impossible* certaine organisation humaine ; un climat glacial rend impossible la culture de l'olivier ; mais cela est purement *négatif*. Il est vrai aussi que certain état géographique rend *possible* certaine organisation; là où il y a des ports, il peut y avoir une marine ; mais cela est purement *virtuel*. En fait, aucune des lois d'anthropogéographie n'est fondée sur l'histoire ou confirmée par elle. Pour avoir le droit de parler de « loi anthropogéographique » il faudrait pouvoir dire : Tel état géographique produit, c'est-à-dire rend nécessaire, tel fait social; or cela n'arrive jamais. La preuve c'est que dans le même pays, avec les mêmes conditions géographiques à chaque époque différente a été réalisé un état social très différent. L'Angleterre, avec le même sol et le même climat qu'aujourd'hui, était au XIVe siècle un pays d'élevage de moutons, comme l'Australie d'aujourd'hui, un pays sans industrie, sans commerce, sans marine.

De même, on a voulu expliquer l'histoire des peuples par l'anthropologie. On admettait que telle structure anthropologique conduit nécessairement les hommes à telle organisation sociale et à tels actes. La vie et les actes de chaque peuple étaient la conséquence de la *race;* la race grecque était nécessairement portée à la philosophie et à la sculpture, la race allemande au particularisme. C'est ainsi que Savigny et « l'école historique » ont attribué les institutions différentes à la différence du *Volksgeist* (génie du peuple), et Taine a développé ce système dans la fameuse théorie des races. La lacune de ce raisonnement est évidente. Même en admettant que la *race*, c'est-à-dire les dispositions héréditaires des hommes, soit une condition indispensable pour telle organisation ou tels actes, — que des Hellènes seuls aient eu les dispositions nécessaires pour faire de la sculpture grecque — il est certain que la race n'est jamais suffisante, puisque dans une même race les ancêtres et les descendants n'ont pas la même vie; la race hellénique n'avait pas produit de sculpture grecque avant le VIIe siècle et a cessé d'en produire au Bas-Empire.

Ces deux exemples de l'anthropogéographie et de la théorie des races montrent par analogie pourquoi on ne peut pas expliquer les phénomènes humains uniquement par l'état matériel des hommes qui composent une société. Ce sont des conditions indispensables, mais insuffisantes à la production d'un phénomène. Il en est de même des faits démographiques. Évidemment, une population nombreuse, d'une densité supérieure à 1 habitant par 100 kilomètres carrés, est nécessaire pour faire un peuple civilisé. Mais entre populations de même densité il peut y avoir des différences beaucoup plus grandes qu'entre populations de densité très différente. La Belgique est beaucoup plus semblable à la Norvège ou aux États-Unis qu'au Bengale ou à l'Egypte. De la densité du pays on ne peut tirer aucune conclusion positive certaine sur aucune autre espèce de phénomène social ; on en tirera au maximum la conclusion que tel phénomène a été possible ou impossible. Une population nombreuse est une possibilité d'émigrer ou une possibilité de s'entasser, une possibilité de créer des industries variées ou de limiter la consommation au minimum de famine ; on ne peut d'avance prédire laquelle de ces solutions opposées se réalisera. Il en est de même pour la répartition des sexes, des âges, des maladies, des professions. De même les faits de richesse, les moyens d'action économiques, ne sont que des possibilités d'actes ; mais ils ne produisent pas les actes, ils n'obligent même pas à agir d'une façon irrésistible les hommes en possession de cette richesse. Il n'est pas indifférent sans doute qu'un peuple soit riche ; mais sa richesse ne fait pas prévoir comment il se conduira. L'activité d'un peuple n'est pas proportionnée à sa richesse, pas plus que l'émigration n'est en raison du nombre des habitants.

Ainsi, tous les faits de démographie sont au maximum des *conditions d'existence* d'une organisation sociale, ils ne sont pas des causes de direction. L'évolution de ces conditions ne pourra donc être la cause déterminante d'une évolution correspondante des autres faits que dans la mesure où les conditions seraient transformées de façon à rendre *impossible* l'existence de ces faits, — par exemple dans le cas où la population s'est éteinte, — ou à rendre possible des faits jusque-là impossibles, — par exemple si une population nouvelle s'est créée. — Mais à part ces cas extrêmes, les faits de démographie n'ont pas d'influence certaine sur d'autres faits humains.

III. — Les phénomènes économiques sont surtout des habitudes ou des règlements de travail, de répartition, de genre de vie. Ce sont : 1° des faits de production, moyens techniques et outillage de culture, d'industrie, de transports, division du travail et par suite spécialisation des hommes dans les professions ; 2° des faits d'appréciations, valeur, marché, échange, commerce, crédit ; 3° des faits de répartition, partage des produits, propriété, capital, rente, salaire, transmission et contrats ; 4° des faits de consommation et comme conséquence des faits de répartition des genres de vie entre les hommes ; c'est la part de richesse et de consommation de chaque homme, avec les différences qui en dérivent, qui constitue les classes sociales.

Quelle action ces habitudes et ces règlements ont-ils sur le reste de la vie ? On peut le constater par l'observation actuelle des sociétés. Il est certain que l'occupation spéciale ordinaire d'un homme, sa part de jouissance dans la richesse sociale, l'idée que lui-même et les autres se font de ses moyens d'action et de jouissance, l'organisation de sa consommation ont une action profonde sur toutes ses autres opérations, sur sa vie politique, sur sa vie intellectuelle, sur sa conduite. Mais il faut regarder les faits concrets et prendre garde d'admettre l'action d'une abstraction sur une autre abstraction ; par exemple l'action de la structure économique sur l'organisation politique ou sur le droit. Il faut chercher empiriquement comment s'exerce l'action des habitudes et des conditions.

1° Individuellement comment les habitudes prises par un homme dans la vie économique, comment les conditions matérielles où il est placé, agissent-elles sur ses autres activités ? Elles peuvent lui donner ou lui enlever les moyens matériels de se procurer les objets utiles aux autres espèces d'activité, — tels que mobilier, vêtements de luxe, objets d'art, moyens d'instruction. Elles peuvent lui laisser ou ne pas lui laisser le temps ou la facilité de se livrer à d'autres activités. Elles peuvent lui donner les occasions de contact avec d'autres hommes ou l'isoler. Elles peuvent développer ou atrophier en lui le goût ou la faculté pour certains autres actes. En examinant ces différents moyens d'action on arrivera à établir empiriquement quelle est l'action de la profession, du loisir, de la jouissance, de la richesse, sur les différents phénomènes individuels, — soit de vie privée (mœurs, modes, plaisirs, jeux), — soit de vie intellectuelle, — soit de morale pratique, — soit même de politique. On verra s'il y a une tendance constante de certaines professions, ou de certains « standards of life », vers certaines mœurs, certaines croyances, certain art, certaine morale, certaine forme d'activité politique.

2° Collectivement, il faut examiner les habitudes

et les règlements collectifs d'organisation économique, la répartition du travail entre les membres d'un même groupe de production ou de transport, — le mécanisme organisé pour diriger les opérations, c'est-à-dire le personnel de direction, son pouvoir, ses moyens d'action, son recrutement ; — le mécanisme de la valeur et des échanges, c'est-à-dire le personnel qui détermine la valeur et règle les échanges, les moyens d'action de ce personnel ; — le mécanisme de la répartition des produits et de la propriété, c'est-à-dire le personnel qui dirige les règles de la propriété et de la jouissance, les classes sociales et les rapports entre ces classes. Il faut chercher quelle place les travailleurs subalternes et les directeurs de chacun de ces mécanismes occupent dans les autres hiérarchies sociales non économiques, dans les corps politiques, soit centraux, soit locaux, dans les corps ecclésiastiques, — par quels moyens ils agissent sur ces corps, quelle part ils ont directement dans la formation des procédés de gouvernement ou des règles officielles (coutume, droit, jugements, lois) ; et comment ils réagissent indirectement sur les activités d'autres espèces, en tant que soumises à la coutume ou à la loi, — quelles habitudes d'organisation collective prises dans la pratique de leur vie économique ils apportent dans la vie politique ou la vie ecclésiastique, — quels intérêts économiques ils essaient de favoriser. Il reste à examiner comment les organisations économiques collectives, créées pour déterminer la valeur, agissent elles-mêmes sur le gouvernement, — comment le personnel qui dirige le marché agit sur le personnel du gouvernement, — comment se règlent dans la répartition des produits la part du personnel du gouvernement, et la part de l'État, l'impôt. Enfin il faut chercher s'il y a des classes sociales constituées sur un fondement économique.

On n'a pas seulement à établir empiriquement comment les habitudes et les organisations économiques à un moment donné agissent sur l'ensemble de la vie humaine, il faut chercher ensuite comment l'évolution de la vie économique peut agir sur les autres évolutions. Le procédé empirique sera de comparer différentes évolutions dans la vie économique connues historiquement pour voir si elles ont été suivies constamment d'évolutions dans certaines autres activités. Un changement dans les procédés techniques du travail ou dans le mode de division du travail par exemple est-il suivi d'une transformation donnée dans la vie intellectuelle, les mœurs, le droit, l'organisation du gouvernement? De même, trouve-t-on quelque transformation produite régulièrement par un certain changement dans le procédé de détermination de la valeur, ou les procédés d'échange ou de crédit, ou le mode de répartition des produits du travail, ou la division en classes ou les rapports eutre les classes?

Empiriquement on ne voit pas une seule évolution d'une organisation économique qui, dans des sociétés différentes, ait toujours été suivie de la même évolution de quelque autre espèce d'organisation. On voit au contraire que tantôt cette évolution connexe s'est produite, tantôt elle a été absente. Le lien entre évolutions n'est pas le même dans l'antiquité et les temps modernes, dans les sociétés chrétiennes et les sociétés mulsumanes. Si l'on veut trouver une corrélation régulière, il faudra analyser la réunion de conditions qui a amené l'évolution, pour déterminer la part de l'action spécialement économique.

Ainsi on n'a pas le droit d'admettre *a priori* une action prépondérante des faits sociaux, démographiques ou économiques, sur les autres faits. Non seulement ces faits ne tiennent pas la place exceptionnelle de cause unique ou fondamentale, que leur attribue l'interprétation économique de l'histoire. Mais ils sont à l'arrière-plan; ils ne sont pas des causes au sens vulgaire; ils ne sont que des conditions négatives de la vie générale de la société. S'ils ne se produisaient pas, les autres faits seraient impossibles; il n'y aurait pas de société s'il n'y avait une population et un travail économique; et pour qu'une société arrive à un certain degré d'activité dans toutes les autres branches, il lui faut une certaine quantité — d'ailleurs indéterminée — de population et de richesse. Mais ce ne sont que des conditions d'existence. Dès qu'une société a atteint ces conditions, la direction qu'elle adopte en tous les genres, sa religion, ses arts, sa morale, sa science, sa vie politique, dépendent de tout autres causes que les faits sociaux; et l'évolution de cette société dans ses diverses branches dépend de tout autres causes que de l'évolution dans les faits sociaux. Les causes au sens vulgaire, — c'est-à-dire les faits qui produisent les changements apparents de la société et qui lui donnent sa direction, — ne sont pas les faits économiques, ce sont les faits des autres espèces.

On doit s'attendre à ne trouver dans les conditions générales démographiques ou économiques que des conditions négatives; pour déterminer les causes positives de chaque évolution historique, il faudra tenir compte d'autres espèces de phénomènes. Quant à l'action propre des faits sociaux sur l'ensemble de la société, on ne pourra l'établir que par une étude empirique; c'est la recherche *analytique* des actions de chaque espèce de faits économiques qui seule peut fonder scientifiquement « l'interprétation économique de l'histoire », c'est-à-dire l'étude de l'action des faits économiques sur l'évolution humaine.

IV. — Il reste à dire en quoi la connaissance des faits de l'histoire sociale est nécessaire à celle des autres histoires.

1° La statistique démographique est-elle nécessaire à l'histoire des autres branches ? En aucun cas elle n'est nécessaire à l'histoire qualitative. On n'a aucun besoin de connaître, même grossièrement, le chiffre de population d'une société pour étudier l'histoire de sa vie intellectuelle (langue, arts, sciences, religion), de ses mœurs privées ou de son droit, et même de son organisation politique. En fait on connaît toutes ces histoires dans l'antiquité et au moyen âge sans avoir aucune notion sûre de démographie. Mais, dès qu'il s'agit de connaissance quantitative, la démographie devient une connaissance indispensable ; or l'histoire de l'organisation politique reste incomplète tant qu'on ignore l'importance numérique du corps social et les proportions numériques de ses parties, c'est la grande lacune dans l'histoire des institutions antiques. L'histoire des phénomènes démographiques, c'est-à-dire de l'évolution numérique de la population, n'est pas indispensable tant qu'on se contente d'atteindre le *caractère* des autres évolutions sans en chercher les proportions. Mais elle aide à comprendre les changements, surtout politiques, qui se sont faits pour s'adapter aux mouvements de la population ; et elle devient nécessaire dès qu'on veut se représenter l'évolution dans l'*importance* pratique des phénomènes. On peut, sans aucun appel à la démographie, comprendre la nature de l'évolution qui a transformé l'esclavage en servage et la chevalerie en noblesse ; mais il faudra des chiffres pour établir comment cette évolution s'est répartie dans la réalité sur les différents pays et sur les différentes époques.

2° L'histoire économique est nécessaire aux autres histoires dans la mesure où les faits économiques et leur évolution ont été la condition des autres faits et la cause de leurs évolutions. L'histoire intellectuelle peut s'en passer, tant qu'on n'a pas besoin de se représenter les moyens d'action matériels ; c'est le cas des études de croyance, de sciences, de doctrines, de beaux-arts. Mais on ne peut étudier ni l'histoire des mœurs, des institutions et du droit, ni l'histoire politique, sans tenir compte au moins des conditions générales et des grandes transformations de la vie économique. L'histoire économique est donc un auxiliaire nécessaire de l'histoire des institutions et des événements.

CHAPITRE XX

L'ACTION DES FAITS HUMAINS INDIVIDUELS SUR LES FAITS SOCIAUX

I. *Position de la question.* — Différentes catégories de faits économiques et démographiques.

II. *Action des usages.* — Usages intellectuels, croyances, connaissances, usages matériels, vie privée, consommation.

III. *Action des événements individuels.* — Inventions et créations. — Changements de direction produits par les chefs.

L'étude de l'utilité de l'histoire sociale pour les autres branches d'histoire a pour contre-partie l'étude de l'action des autres espèces d'activité humaine et de leur évolution sur la vie sociale et sur l'évolution sociale (économique et démographique), d'où ressortiront les services que l'histoire des autres branches de la vie humaine peut rendre à l'histoire sociale. On peut déterminer ainsi les connaissances d'histoire générale ou spéciale qui, pratiquement, seront utiles à l'historien des faits sociaux.

Je vais considérer ici séparément d'abord l'action des phénomènes individuels (actes et pensées) et ensuite l'action des phénomènes collectifs d'organisation.

I. — Quelle est l'action des faits individuels sur les

faits sociaux ? On doit préciser cette question en analysant les faits sociaux. On a montré plus haut (p. 277) qu'il faut parler des phénomènes économiques non en bloc (la structure économique est une métaphore dangereuse), mais en les décrivant d'une façon empirique de façon à en apercevoir la nature réelle. De même qu'il n'y a pas de structure économique totale qui détermine l'organisation politique totale d'un peuple, il n'y a pas de structure économique qui soit déterminée en bloc par quelque autre phénomène unique. Il y a dans une société une série d'habitudes économiques et d'arrangements collectifs de vie économique. C'est sur chaque habitude et chaque arrangement en particulier qu'on doit chercher quelle action exercent les faits d'une autre nature. Il faut donc avoir présente à l'esprit la série de ces habitudes et de ces arrangements :

1° Procédés techniques de production et de transport, division du travail par arrangement collectif entre les travailleurs de tout genre, y compris les directeurs.

2° Procédés pour fixer la valeur et la représenter, procédés pour faire les échanges, arrangements de commerce, monnaie et crédit.

3° Procédés de partage et de distribution, procédés de transmission des objets et des valeurs représentatives, régime de propriété et de contrats.

4° Classement des membres de la société d'après leur occupation et d'après leur part dans la distribution des valeurs.

Quant à la consommation, on discute si elle doit être classée parmi les faits économiques ; c'est la théorie de l'école américaine, fondée sur l'action décisive de la consommation. En Europe l'histoire des habitudes de consommation est restée une partie de l'histoire des mœurs.

De même les phénomènes démographiques doivent être analysés, car il faut chercher séparément l'action des autres phénomènes humains sur chacun d'eux. On devrait donc distinguer : 1° le chiffre total de la population ; 2° la densité et la distribution des agglomérations ; 3° la proportion des qualités, âges, sexes, religion, degré d'instruction ; 4° les mouvements de la population, natalité, mortalité, mariage, émigration ; 5° les accidents réguliers, maladies, crimes, suicides, etc.

Pour chacun de ces phénomènes, économique ou démographique, la question se pose : Quelle action subit-il de la part des autres ? Par quelle habitude ou quel arrangement intellectuel, privé, politique, a-t-il été produit ? Par quel mécanisme, matériel ou psychique ? — Quand on étudie l'évolution, c'est-à-dire l'histoire de ces faits, on doit se demander quel changement intellectuel, privé, politique a produit ou a influencé le changement économique ou démographique. Cet interrogatoire organisé en méthode est un préservatif contre la tendance à chercher l'explication des faits et des transformations économiques dans ces faits eux-mêmes, contre la tentation de comparer des tableaux ou des courbes statistiques pour déterminer la cause des évolutions sociales.

L'action des faits individuels sur les faits sociaux se présente sous deux formes : 1° des usages ou habitudes communes, c'est la forme la plus importante ; 2° des événements uniques.

II. — Les usages communs aux individus d'un même groupe sont soit des conceptions que tous les individus de ce groupe (ou la plupart) admettent, soit des actes qu'ils font et qu'ils renouvellent en imitant un même modèle. On peut les classer en deux : 1° usages intellectuels, où la partie essentielle est une conception intellectuelle, l'acte matériel étant seulement un symbole destiné à manifester la conception (croyances, arts, sciences, doctrines) ; 2° usages matériels où la partie essentielle est matérielle, l'acte intellectuel ne servant qu'à diriger les actes matériels (alimentation, vêtement, habitation, divertissements, cérémonies.

Dans l'histoire des usages intellectuels il faut rechercher ceux qui ont une action appréciable sur l'organisation de la vie économique ; c'est-à-dire qui peuvent modifier les actes ou les arrangements économiques (objets, produits, division du travail, voies de transport, commerce, propriété).

1° Les croyances. On peut attendre *a priori* qu'elles auront une action décisive sur toute la conduite des individus, car chaque homme arrange sa vie suivant la conception générale qu'il se fait du monde et de la place qu'il y tient.

Cette conception agit directement sur chacun de ses actes, par suite sur chacun des éléments démographiques qui dépendent de la volonté, le domicile, l'émigration, la natalité, le mariage, le suicide. (On voit sans peine combien tous ces faits dépendent par exemple de la religion.) Elle agit sur tous les faits de la vie économique qui dépendent du choix des individus membres de la société, avant tout sur l'appréciation des objets et des services, sur la valeur. C'est uniquement par suite d'une croyance que les services des prêtres ou des sorciers et les actes rituels des religions sont recherchés et payés chèrement. — Négativement cette conception agit pour restreindre la production et la distribution, en faisant considérer comme interdits des actes impurs ou des relations avec des êtres impurs religieusement ou moralement. Ainsi le vin, le porc, les spiritueux sont sans valeur quand la religion ou la morale les interdisent. — Indirectement elle agit en entravant les groupements économiques entre les hommes séparés par des différences de croyance. Il est donc indispensable pour l'histoire sociale de tenir compte de l'histoire de la croyance.

Les croyances prennent des formes variées. Les plus importantes sont : la religion, ensemble de croyances organisées sous forme de rites et de dogmes, — les doctrines philosophiques, — les préceptes moraux. Cet ensemble énorme, l'historien des faits sociaux n'aura pas besoin de le connaître en détail ; il pourra se borner à chercher les faits qui peuvent avoir eu une action pratique sur la vie sociale. Il écartera donc toute la métaphysique, toute la morale théorique, toute la théologie doctrinale ; il s'en tiendra aux croyances religieuses, philosophiques et morales qui portent sur le devoir pratique, aux prescriptions rituelles, c'est-à-dire aux croyances et aux prescriptions qui règlent la conduite. Tous ces faits sont étudiés dans les histoires spéciales, il suffira de savoir les y trouver.

La difficulté pratique sera de localiser les croyances, de savoir dans quel groupe d'hommes elles ont eu une action réelle sur la conduite ; les spécialistes s'occupent beaucoup plus d'étudier les formes des croyances que leur répartition et ne s'occupent guère de les localiser avec précision.

Il y a toute une catégorie de croyances sur laquelle on ne trouvera guère de renseignements. On a étudié surabondamment les *doctrines* morales et les morales *officielles* de tous les temps, mais l'histoire des croyances morales *effectives* n'est pas faite encore avec précision. On ne sait pas d'après quelles règles de morale pratique les hommes se conduisaient *réellement*; sur ce point on risque fort de ne trouver dans les histoires spéciales que des données insuffisantes.

La connaissance des croyances est d'autant plus nécessaire pour comprendre la vie sociale d'un peuple que ce peuple est moins avancé en civilisation. Les croyances se forment d'abord, avant toute science, et elles commencent par dominer toute la pensée et toute la vie morale; elles reculent peu à peu, à mesure que la connaissance par observation se forme. Aussi l'histoire des croyances religieuses et des superstitions est-elle plus nécessaire pour comprendre les sociétés les plus anciennes.

2° Les arts ont une action beaucoup plus faible que ne l'admet l'opinion courante.

Notre culture exclusivement littéraire nous a donné une impression fausse sur l'importance de la littérature et des arts. Parce qu'on nous a fait passer dix ans de notre vie à ne nous occuper que de phénomènes artistiques, nous croyons instinctivement que ces faits ont absorbé une forte partie de l'activité des hommes. Cette illusion a été aggravée par l'influence des professeurs de littérature et des archéologues uniquement occupés d'œuvres d'art. En fait, les arts, pour l'énorme majorité des hommes d'aujourd'hui, ne tiennent qu'une place très petite dans la vie ; et il paraît en avoir été toujours ainsi, même chez les Grecs, — à en juger par le peu d'attention que les historiens grecs apportent aux grands événements artistiques de leur temps. L'art n'exerce aucune action appréciable sur les faits démographiques ; on peut les étudier sans rencontrer jamais l'influence de l'art. Sur la vie économique l'action des arts se réduit à créer quelques valeurs artistiques, en petit nombre, — sauf l'art industriel qui dépend beaucoup plus de la mode que du goût artistique.

3° Les connaissances (on peut réunir sous ce terme les sciences pures, les connaissances empiriques et les arts techniques) agissent fortement au contraire sur les faits sociaux. Elles agissent par le même procédé que la croyance : la conception que l'individu se fait du monde et de sa situation, soit par la science, soit par l'empirisme, dirige en grande partie sa conduite ; c'est le terrain de la concurrence entre la science et la religion (la morale reste placée sur un terrain indivis ou mal délimité). La connaissance agit sur les faits démographiques (groupement, émigration ou immigration, natalité), et sur les faits économiques, — directement en donnant la notion de la valeur des choses, aliments, matières premières, animaux, etc. ; — négativement en arrêtant la fabrication ou la production d'objets reconnus inutiles ou qu'on peut avantageusement remplacer par d'autres, — indirectement en montrant l'avantage de groupements économiques auxquels on n'avait pas encore songé, ou en dégageant des préjugés religieux ou moraux qui faisaient interdire les groupements nouveaux.

En outre, la connaissance a un procédé d'action extérieure qui manque à la croyance purement subjective ; elle fait connaître le monde extérieur et les procédés d'action réels de l'homme sur le monde. Elle enseigne les procédés réels, mais psychologiques, pour manier les hommes et les persuader, procédés très actifs dans la vie économique pour l'appréciation de la valeur et pour l'organisation des échanges (il suffira de citer la publicité, le crédit, la spéculation). Elle enseigne les procédés, tantôt psychologiques (dressage), tantôt physiologiques (sélection), pour tirer parti des animaux. Elle enseigne surtout les procédés réels et matériels pour agir sur la matière, l'ensemble des procédés techniques de production et de transport. La connaissance ne suffit pas à créer l'industrie ; mais c'est elle qui en est la condition nécessaire et qui lui donne sa forme. D'autres causes agissent sur la division du travail, et par suite sur la quantité de la production ; mais la nature de la production dépend de la technique, c'est-à-dire de la connaissance.

L'histoire sociale aura donc besoin, sinon de connaître en détail l'histoire des sciences et des arts techniques, du moins de savoir l'histoire de la science dans les parties applicables à la vie et à la morale pratique, et l'histoire des procédés techniques de production. Cela est facile à apprendre. La seule difficulté sera d'apprécier la diffusion des connaissances et des procédés dans une société donnée à un moment donné ; c'est la question qui intéresse le moins les spécialistes de l'histoire des sciences et sur laquelle on trouvera le moins de renseignements.

4° Les usages matériels ont une action décisive sur la vie économique ; ils sont le but, et par conséquent le régulateur de la production. On ne produit guère que pour satisfaire des besoins matériels. La vie matérielle consiste surtout dans la consommation des objets, alimentation, vêtement, logement, mobilier, objets d'agrément ; c'est le terrain intermédiaire entre la vie économique et les coutumes de la vie privée. Il semble d'abord que ces usages ne soient que le résultat de la vie économique, car on consomme les objets produits par la production et répartis par la distribution. Mais on ne produit qu'en vue de la consommation, et c'est la consommation qui dirige la production. En ce sens les usages de consommation matérielle seraient la cause de tous les actes économiques et devraient être l'objet fondamental des études économiques ; pour comprendre la production il faudrait d'abord étudier ce que les consommateurs désirent qu'on produise. L'histoire de la consommation, c'est-à-dire de la vie matérielle, serait le premier chapitre de l'histoire économique.

En fait, la relation est plus complexe ; ce n'est pas toujours un client qui commande en vue d'une idée arrêtée de consommer ; c'est souvent le vendeur, c'est-à-dire le fabricant dirigé par le commerçant, qui offre des objets et donne au consommateur l'idée de les consommer. Les deux activités s'entremêlent étroitement, il faudrait pour les distinguer une étude qui n'est pas faite.

Pourtant l'histoire économique ne peut pas se passer de l'histoire de la consommation ; elle a besoin de connaître la demande spontanée du consommateur, c'est-à-dire l'histoire de la vie matérielle.

C'est assurément la partie la plus négligée de la vie sociale, soit contemporaine, soit passée ; et ce serait, comme on l'a très bien montré aux Etats-Unis, un des champs d'études les plus instructifs de l'histoire sociale. La consommation n'agit pas seulement sur la production par l'action directe que la nature de la commande exerce sur la nature de la production et du commerce, — par exemple la demande de la pourpre ou de l'ambre dans les temps antiques, des épices au moyen âge. Indirectement la forme de demande réagit sur l'organisation du travail ; suivant qu'elle est continue, intermittente ou irrégulière, elle produit un travail régulier, ou une morte-saison, ou des crises ; suivant qu'elle vient d'un groupe peu nombreux ou d'une grande masse d'hommes, suivant qu'elle porte sur des objets de luxe ou sur des objets d'utilité, elle détermine des systèmes de production très différents. L'historien des faits sociaux n'a pas besoin de savoir les détails de l'histoire de la vie matérielle ; mais il doit connaitre en gros les espèces d'objets consommés, la nature des matières premières les plus employées, la quantité et les époques de la demande.

La vie privée se compose d'actes ou quotidiens, ou périodiques, ou solennels ; l'histoire de la vie privée comporte l'étude de l'emploi des journées, des heures de repas, des usages de toilette et de médecine, des fêtes, réceptions, cérémonies, des divertissements et des exercices (chasse, sport, spectacles, jeux, voyages). Ces actes sont en partie des actes de consommation, en tant qu'ils exigent des objets matériels ou des services matériels qui mettent en mouvement un personnel de domestiques, hôteliers, commissionnaires, coiffeurs, médecins, acteurs. Ils agissent donc pour diriger la production des objets ou la division du travail.

Ils agissent aussi d'une autre façon, non plus sur la fabrication seulement, mais sur la vie tout entière des gens consacrés à des services matériels, car ils les mettent dans une catégorie économique différente des producteurs. L'histoire sociale a donc besoin de connaître, sinon tous les usages de vie privée, du moins ceux qui exigent une production d'objets considérable et ceux qui immobilisent un nombre appréciable de travailleurs dans les services privés. Il n'est pas inutile, pour comprendre la vie économique de l'Espagne au XVIe siècle, de savoir qu'une partie de la population était dans la domesticité des seigneurs.

L'action la plus forte est celle de la mode qui crée ou détruit des valeurs ; c'est elle qui domine toutes les industries de luxe et qui est l'agent le plus actif de transformation. Il faut donc savoir l'histoire de la mode, au moins dans la mesure où chaque mode nouvelle a eu pour résultat de produire un changement dans l'espèce des objets ou des services demandés ; il faut connaître la position des centres de la mode et les déplacements de ces centres, car ils sont liés à l'organisation du commerce et du travail. Dans les époques anciennes le phénomène de la mode est limité à la classe peu nombreuse des aristocraties ; mais il n'en est pas moins capital dans l'histoire du commerce, parce que le commerce dans les périodes de communications difficiles est limité aux objets de luxe.

III. — Les actes individuels sont étudiés par l'histoire générale. Il suffit à l'histoire économique de connaître les principaux, ceux qui sont à l'origine d'une évolution matérielle ; encore n'a-t-elle pas besoin de les étudier en détail. Elle n'a que faire de la biographie de Mahomet ou de Napoléon, il lui suffit de connaître ceux de leurs actes qui ont eu des conséquences matérielles générales, telles que l'interdiction de boire du vin, ou le blocus continental.

Les actes individuels qui peuvent avoir des conséquences dans la vie économique sont de deux espèces.

1° Les inventions ou les créations individuelles sont des exemples donnés par un homme et suivis par une masse d'imitateurs. Elles se produisent surtout dans la vie intellectuelle, création d'une croyance (religieuse ou morale), d'une forme d'art, d'une science, d'un idéal. Elles se rencontrent aussi dans la vie matérielle, sous la forme d'une découverte géographique, d'une invention technique ou de la création d'une mode. L'action de l'individu est évidente ici ; l'initiateur amène la société à changer de conduite, ou d'appréciation de la valeur, ou de procédés d'action ; il crée ou détruit une valeur, une technique de production, une voie de communication, un procédé d'échange ; ou indirectement il modifie l'organisation du travail ou même la distribution d'un phénomène démographique, en faisant par exemple arriver une population dans un pays jusque-là désert.

2° Le changement de direction peut être donné à une société par un chef officiel ou un guide improvisé, chef d'Etat, d'Eglise, de parti, de groupe, qui opère soit par un ordre légal (règlement ou loi), soit par une révolution. Il agit ainsi directement sur certains usages économiques, sur l'organisation de la production, du commerce, de la répartition ou même sur la distribution de la population, par exemple en créant ou détruisant une ville. Il peut agir indirectement en changeant l'organisation politique de façon à réagir sur la vie économique, comme a fait Pierre le Grand en Russie.

Il serait impossible même d'entrevoir l'évolution économique ou démographique de l'humanité si l'on ignorait ces grands changements, impossible d'en comprendre la nature si l'on n'en connaissait pas les auteurs. C'est la part nécessaire de l'histoire générale dans l'histoire sociale.

CHAPITRE XXI

ACTION DES FAITS HUMAINS COLLECTIFS SUR LA VIE SOCIALE

I. *Organisation collective.* — Associations privées, famille, institutions sociales, classes, institutions politiques. — Gouvernement souverain, services spéciaux. — Organisation ecclésiastique. — Organisation internationale. — Langue.

II. *Événements collectifs.* — Révolutions intérieures. — Conflits et conventions. — Relations entre États.

Il reste encore à chercher comment les faits sociaux dépendent des faits des autres espèces qui prennent une forme collective, et par suite quelle connaissance l'historien des faits sociaux doit avoir de l'histoire des phénomènes collectifs, c'est-à-dire de ceux qui impliquent des arrangements et une solidarité entre les hommes. Ces faits sont de deux sortes : 1° les faits d'organisation collective, tels que famille, gouvernement, services publics, qui font l'objet des histoires spéciales ; 2° les événements collectifs qui font le domaine de l'histoire générale. Il faut étudier séparément comment ils agissent sur la vie sociale.

I. — L'organisation collective consiste en arrangements permanents établis entre les hommes, soit par des coutumes ou conventions tacites, soit par des règles officielles.

On a essayé souvent d'opposer l'organisation aux règles et de distinguer deux ordres de faits : la *structure* qu'on a comparée à l'anatomie, le *fonctionnement* qu'on a comparé à la physiologie. C'est une métaphore sans application pratique ; la structure n'est pas d'une autre nature que le fonctionnement, tous deux se ramènent à des règles ou à des pratiques. La structure d'un gouvernement ce sont les conventions, tacites ou expresses, officielles ou coutumières, d'après lesquelles certains hommes sont chargés d'une certaine espèce d'opérations ; c'est une spécialisation et une division du travail, analogue à celle de la vie économique. Elle donne, il est vrai, à certains hommes des droits et des devoirs spéciaux et crée un système de recrutement pour le personnel. Mais ce règlement de partage des opérations n'est pas d'une nature spéciale, qui permette de l'opposer aux règlements sur la façon d'opérer (la procédure), sur les principes à appliquer (le droit), sur les opérations à faire (la compétence). Les arrangements diffèrent surtout par l'espèce de groupement, c'est-à-dire le principe qui réunit entre eux les membres et par la nature de l'action organisée, c'est-à-dire l'autorité des chefs. Voici les principales espèces d'arrangements qui peuvent avoir une action sur la vie économique.

1° Associations privées. — La plus importante est la famille, groupement formé par la filiation naturelle ou adoptive et dirigé par l'autorité du père ou du mari. Dans certaines sociétés il existe des associations analogues, mais établies par un lien artificiel; ce sont les communautés, la plupart à caractères religieux. Les associations privées agissent directement sur l'organisation économique : car elles impliquent une consommation en commun, une possession en commun et une transmission des richesses acquises, par conséquent un régime de succession. L'historien des faits sociaux aura donc besoin de connaître au moins le régime général de la famille et des communautés, et l'évolution générale des institutions privées, mariage, autorité maritale et paternelle, filiation, régime des successions. Ce qu'il lui faudra connaître, ce ne sera pas le droit officiel légal des théories juridiques et des livres de droit, ce sera la pratique réelle qui seule agit sur les réalités économiques. Il pourra donc lui arriver de ne pas trouver toujours dans les histoires spéciales du droit privé, écrites par des juristes, tous les renseignements nécessaires ; il fera bien d'avoir l'attention attirée sur les travaux consacrés à décrire les coutumes réelles de famille, de communauté et de succession.

2° Institutions sociales. — Entre les hommes d'un même peuple soumis à un même gouvernement, s'est établie dans toutes les sociétés, à mesure qu'elles se sont civilisées, une répartition inégale des fonctions et des richesses qui a produit des inégalités durables, devenues même héréditaires. La société, à peu près homogène dans l'état barbare, s'est scindée en couches formées chacune par des hommes vivant dans une condition semblable ou équivalente. C'est ce qu'on a appelé les *classes* sociales; le mot, d'origine romaine, a désigné d'abord les différents groupes de citoyens rangés pour la guerre suivant leur richesse.

Les classes sont en partie d'origine économique, en tant que la place d'un homme dans une classe lui est assignée par son genre de travail ou sa richesse; mais elles ont aussi une origine politique, car les hommes investis de pouvoirs supérieurs officiels concourent à former les classes supérieures. Ainsi la division en classes n'est pas purement économique, comme les écoles socialistes tendent à l'admettre ; elle est mixte. La « structure sociale » est le produit combiné de phénomènes économiques et de phénomènes politiques. Cette inégalité permanente de pouvoir et de richesse domine toute la distribution des rôles dans la vie économique ; elle agit directement sur tout le système de production, par la division du travail entre les classes et surtout par l'inégalité des moyens d'action, d'où résulte la création du capital au profit de la classe supérieure et l'exploitation des classes inférieures sous diverses formes, à commencer par l'esclavage.

L'évolution du régime des classes, depuis la société à étages de l'Empire romain jusqu'aux sociétés démocratiques du xxe siècle, a détruit lentement la hiérarchie aristocratique et la division légale en classes ; elle a entraîné peu à peu une transformation correspondante dans la division du travail, la répartition du capital et les modes d'exploitation.

L'action de l'organisation sociale s'exerce aussi indirectement sur la valeur ; et par suite sur le commerce. Tout est différent dans la vie économique d'un peuple, suivant qu'une aristocratie de quelques individus a le monopole de satisfaire tous ses désirs ou que la liberté et l'aisance devenues générales font entrer tous les habitants dans la classe des consommateurs. Une société aristocratique n'a guère que des commerces de luxe ; à mesure que l'organisation devient démocratique, le commerce s'étend aux objets de consommation générale. Il faut donc, pour comprendre la vie économique d'un pays, connaître le régime des classes; pour comprendre l'histoire sociale, il faut connaître l'évolution de ce régime.

3° **Institutions politiques**. — Le gouvernement est l'espèce d'organisation la plus apparente et dont l'action sur la vie sociale est la plus évidente. Le pouvoir effectif conféré aux membres du gouvernement leur donne le moyen pratique d'agir matériellement sur tous les autres membres de la société. L'organisation économique, comme tout arrangement matériel, est sous le commandement direct du gouvernement ; c'est lui qui établit les règles de la propriété, des successions et des contrats, c'est-à-dire de la répartition; — les règles du commerce, de la monnaie et du crédit, c'est-à-dire des échanges, — parfois même les règles de la culture, des industries, des transports, des salaires, c'est-à-dire de la production. De plus les hommes investis du pouvoir en profitent pour s'approprier, — parfois pour monopoliser, — les moyens économiques de jouissance. Cette action fondamentale de la politique a été fortement indiquée par l'école marxiste.

Pour étudier l'action des institutions politiques sur la vie économique il faut donc éviter de prendre en bloc l'Etat et de chercher, comme on l'a fait trop souvent, « l'action de l'Etat » en général ; il faut analyser et examiner séparément les divers personnels de gouvernement et leurs procédés d'action. On commencera par distinguer les agents du pouvoir central souverain et les agents des services spéciaux. Le pouvoir central agit sur la direction même de la vie économique, en décidant les règles de l'organisation ; les pouvoirs spéciaux subordonnés agissent sur la pratique en facilitant ou en rendant difficiles les opérations économiques. Pour démêler ces actions il faudra suivre une méthode précise, examiner séparément le souverain, ses ministres ou ses favoris, les assemblées centrales s'il y en a. On passera ensuite aux différents services : d'armée, de finances, de justice, de police, de travaux publics, d'enseignement, — puis aux autorités locales, en ayant soin d'examiner séparément l'action de chaque espèce de personnel. Le procédé le plus pratique sera de déterminer d'avance les questions à se poser. On peut prévoir deux sortes de questions :

1° Les différentes faces de l'activité économique, sur lesquelles agit le personnel politique : production agricole, minière, industrielle, transports ; valeur et échange (crédit, commerce) ; répartition et transmission ; consommation.

2° Les moyens par lesquels le personnel peut agir.

Ces moyens sont plus variés qu'ils ne semblent d'abord. Le gouvernement agit directement par des ordres directs, lois, ordonnances, règlements, à caractère économique, comme le budget ou les lois somptuaires. Mais il a plusieurs moyens d'action indirects qui ne doivent pas être négligés : le privilège que le personnel s'attribue sur les avantages économiques — sous forme de traitements, d'entreprises publiques, d'emprunts, de fraudes de tout genre — ; les pratiques que les agents introduisent dans les rapports entre les producteurs et les différents services publics, recrutement et cantonnement de soldats, justice et police, faveurs ou persécutions, régime fiscal avec les abus et les complaisances, travaux publics qui aident la production ou dirigent la consommation ou modifient par influence le travail privé, enseignement qui agit sur la diffusion de la technique ou sur les changements dans la notion de valeur — ; l'action d'exemple du souverain, de sa cour, du haut personnel politique, sur la mode et toute la production qui en dépend.

4° **Organisation ecclésiastique.** — Ce n'est qu'une forme spéciale de gouvernement différente des autres par ses moyens d'action, elle agit par des procédés de contrainte indirects ou imaginaires. On doit donc la traiter par la même méthode que le gouvernement. Il ne faut pas plus parler en bloc de « l'action de l'Eglise » que de l'action de l'Etat; il faut analyser le personnel ecclésiastique et chercher pour chaque espèce d'agents ses moyens d'action, ordres ou interdictions, pratiques encouragées ou découragées, relations avec les producteurs pour la fabrication des instruments de religion, action d'exemple sur la production privée.

5° Organisation internationale. — Les relations établies entre les Etats arrivent chez les peuples modernes à constituer un système. Ici le personnel n'a qu'une faible importance, c'est l'arrangement des relations entre les peuples qui agit. Il faut chercher l'organisation d'abord dans les conventions officielles entre gouvernements (traités et règlements) qui agissent sur la valeur (conventions en matière de monnaie), sur les transports, les échanges et le crédit (traités de commerce). Il faut ensuite connaître la pratique réelle en tant qu'elle facilite ou rend difficiles ou impossibles les diverses espèces de relations économiques; on a besoin de savoir comment sont appliqués les tarifs de douane ou de transports, les règlements de police politique ou sanitaire, les principes de droit privé et commercial. Il faut enfin tenir compte, au moins au XIXe siècle, des organisations matérielles internationales, postes, lignes de communication, agences internationales. Pour chaque espèce, on doit connaître, sinon le détail, au moins les faits capitaux et leur évolution, afin de pouvoir chercher méthodiquement comment chacun a agi sur la vie économique.

6° **Langue**. — La langue est un fait collectif qui étend son action sur toutes les relations humaines. C'est l'instrument de communication entre tous les hommes ; la communauté de langue rend toutes les autres communautés plus faciles, y compris la communauté nationale ; la différence de langue rend toutes les autres relations difficiles. La distribution des langues réagit sur tous les groupements démographiques, l'agglomération, le mariage, la profession et sur les relations économiques, division du travail, établissements de la valeur, échanges et commerce, répartition de la propriété. Il est inutile à l'historien des faits sociaux de savoir les langues elles-mêmes et leur histoire ; mais il aura besoin de connaître la répartition des langues et les groupes de mêmes langues, surtout quand ces groupes ne se confondent pas avec une communauté politique ; il devra connaître les changements de distribution des langues, car ils agissent sur l'évolution démographique et économique.

II. — Il ne reste plus qu'à examiner les événements collectifs uniques qui produisent en partie l'évolution générale des sociétés et par suite l'évolution sociale. Ils prennent surtout deux formes : révolutions intérieures, et conflits extérieurs internationaux.

1° Les révolutions intérieures prennent la forme ou de secousses brusques ou d'évolutions graduelles qui transforment l'organisation collective des gouvernements, de l'Église, des classes, de la famille. En transformant soit les groupements politiques ou privés des hommes, soit leur pratiques collectives, elles les amènent à réadapter leurs groupements ou leurs pratiques économiques. Un changement du personnel souverain ou des services de gouvernement amène un changement dans le personnel directeur de la vie économique ; il change le groupe qui monopolise les jouissances ou qui organise la production. Il faut donc connaître les révolutions et les évolutions importantes dans le régime politique et ecclésiastique et dans les institutions privées du peuple dont on veut comprendre l'histoire sociale.

2° Les événements de l'histoire extérieure consistent en relations entre États ; ils prennent la forme soit de conflits violents, invasions ou guerres, soit d'accords, traités et conventions ; ils aboutissent à des changements dans la distribution des territoires et dans les arrangements entre États. Chaque changement de territoire ou de relations entraîne une réadaptation générale de la vie intérieure, et par suite de la vie économique. Il est inutile de savoir comment le conflit ou l'accord a été produit ; les épisodes des guerres et des négociations n'intéressent que les spécialistes de l'histoire militaire ou diplomatique ; mais le résultat de la guerre ou du traité est un fait général qu'il faut connaître pour comprendre l'histoire sociale. On devra aussi connaître la durée des conflits qui ont suspendu les relations entre États et la nature des traités, surtout commerciaux et économiques.

Il n'est pas nécessaire d'en savoir tous les épisodes, on peut abandonner ce soin aux spécialistes. Mais il est très dangereux d'ignorer les faits généraux de l'histoire politique ; on s'expose à attribuer aux changements économiques des causes économiques dans des cas où la cause évidente est un événement politique, comme la Révolution française.

CONCLUSION

On arrive enfin à une conclusion pratique sur l'application de la méthode historique aux sciences sociales.

La méthode historique est nécessaire pour le travail de préparation, même dans l'étude des sociétés contemporaines ; car la plupart des matériaux des sciences sociales ne sont pas des observations scientifiques, ce ne sont que des *documents* dont on ne peut tirer parti qu'au moyen d'un travail *critique*.

En outre la construction d'une science sociale complète comporte une étude de l'évolution des phénomènes sociaux, c'est-à-dire une *histoire sociale*. Or, cette histoire sociale n'exige pas seulement, comme toute autre histoire, l'emploi de documents critiqués suivant la méthode historique. Mais elle-même ne peut pas être isolée des autres histoires ; elle ne peut être qu'un fragment de l'histoire totale des sociétés, une branche spéciale comme l'histoire du droit ou du costume. Elle est même plus étroitement liée à l'ensemble de l'histoire que ne le sont les histoires des littératures ou des sciences.

L'histoire sociale est *science auxiliaire* pour les autres histoires, dans la mesure où les faits sociaux sont cause des autres faits, — mesure beaucoup moins large que ne l'ont cru les spécialistes économistes. Les faits sociaux sont surtout les conditions nécessaires (négatives) des autres faits : là où ils ne se produisent pas, les autres ne peuvent se produire ; mais ils ne sont qu'un support, non une substructure. Leur forme spéciale agit faiblement sur la direction des autres faits, et par suite leur histoire n'est que faiblement utile à l'intelligence de l'histoire des autres phénomènes.

L'histoire sociale est au contraire étroitement dépendante des autres histoires. Les faits sociaux n'ont pas en eux-mêmes leur raison d'être ; ils sont ou les *produits* d'autres actes (c'est le cas des faits démographiques) ou des moyens pour une fin étrangère (c'est le cas des faits économiques). Leur direction est donc, non pas en eux-mêmes, mais dans des faits d'autre espèce. Ce n'est pas parce que les hommes produisent dans une forme donnée, qu'ils ont une vie intellectuelle, des mœurs privées, une organisation politique d'une espèce donnée ; c'est au contraire parce que leur vie a cette forme donnée, intellectuelle, privée, politique qu'elle les entraîne à une certaine forme de vie économique. L'histoire sociale ne peut donc être comprise que par l'étude des autres branches de l'histoire : elle n'est qu'un fragment de l'histoire générale de l'humanité.

TABLE DES MATIÈRES

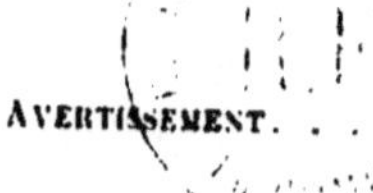

INTRODUCTION

MÉTHODE HISTORIQUE ET SCIENCES SOCIALES

PREMIÈRE PARTIE

LA MÉTHODE HISTORIQUE APPLIQUÉE AUX DOCUMENTS DES SCIENCES SOCIALES

CHAPITRE PREMIER

THÉORIE DU DOCUMENT

CHAPITRE II

LES PRÉCAUTIONS CRITIQUES

CHAPITRE III

CRITIQUE DE PROVENANCE

CHAPITRE IV

CRITIQUE D'INTERPRÉTATION

CHAPITRE V

CRITIQUES DE SINCÉRITÉ ET D'EXACTITUDE

CHAPITRE VI

EMPLOI DES FAITS CRITIQUÉS

CHAPITRE VII

GROUPEMENT DES FAITS

CHAPITRE VIII

CONSTRUCTION DES FAITS DES SCIENCES SOCIALES

CHAPITRE IX

MÉTHODE DE GROUPEMENT DES FAITS SIMULTANÉS

CHAPITRE X

MÉTHODE DE GROUPEMENT DES FAITS SUCCESSIFS

DEUXIÈME PARTIE

LA MÉTHODE HISTORIQUE ET L'HISTOIRE SOCIALE

CHAPITRE XI

LES DIFFÉRENTES ESPÈCES D'HISTOIRE

CHAPITRE XII

ÉTAT DE L'HISTOIRE SOCIALE

CHAPITRE XIII

LA CONSTRUCTION DES FAITS SOCIAUX

CHAPITRE XIV

DIFFICULTÉS SPÉCIALES DE L'HISTOIRE SOCIALE

CHAPITRE XV

DÉTERMINATION DES GROUPES SOCIAUX

CHAPITRE XVI

ÉTUDE DE L'ÉVOLUTION

CHAPITRE XVII

NÉCESSITÉ DE COMBINER LES DIFFÉRENTES SORTES D'HISTOIRES

CHAPITRE XVIII

SYSTÈMES D'HISTOIRE SOCIALE

CHAPITRE XIX

LIEN ENTRE L'HISTOIRE SOCIALE ET LES AUTRES HISTOIRES

CHAPITRE XX

L'ACTION DES FAITS HUMAINS INDIVIDUELS SUR LES FAITS SOCIAUX

CHAPITRE XXI

ACTION DES FAITS HUMAINS COLLECTIFS SUR LA VIE SOCIALE

ÉVREUX, IMPRIMERIE DE CHARLES HÉRISSEY

www.ingramcontent.com/pod-product-compliance
Lightning Source LLC
LaVergne TN
LVHW020616110826
845149LV00002B/485

* 9 7 8 2 0 1 9 9 7 5 5 5 5 *